Coleção Segredos da Mente Milionária

A CIÊNCIA DO BEM-ESTAR

WALLACE D. WATTLES

Coleção Segredos da Mente Milionária

A CIÊNCIA DO BEM-ESTAR

Tradução
Petê Rissati

Esta é uma publicação Principis, selo exclusivo da Ciranda Cultural
© 2023 Ciranda Cultural Editora e Distribuidora Ltda.

Traduzido do original em inglês
The science of being well

Texto
Wallace D. Wattles

Editora
Michele de Souza Barbosa

Tradução
Petê Rissati

Preparação
Maria Stephania Flores

Produção editorial
Ciranda Cultural

Diagramação
Linea Editora

Revisão
Tuca Dantas

Design de capa
Ana Dobón

Dados Internacionais de Catalogação na Publicação (CIP) de acordo com ISBD

W347c	Wattles, Wallace D.
	A ciência do bem-estar / Wallace D. Wattles ; traduzido por Petê Rissatti. - Jandira, SP : Principis, 2023. 96 p. ; 15,50cm x 26,50cm.
	Título original: The science of being well ISBN: 978-65-5552-797-1
	1. Autoajuda. 2. Autoconhecimento. 3. Controle. 4. Conselhos. 5. Persistência. 6. Literatura americana. I. Rissatti, Petê. II. Título.
2022-0745	CDD 158.1 CDU 159.947

Elaborado por Lucio Feitosa - CRB-8/8803

Índice para catálogo sistemático:
1. Autoajuda : 158.1
2. Autoajuda : 159.947

1ª edição em 2023
www.cirandacultural.com.br
Todos os direitos reservados.
Nenhuma parte desta publicação pode ser reproduzida, arquivada em sistema de busca ou transmitida por qualquer meio, seja ele eletrônico, fotocópia, gravação ou outros, sem prévia autorização do detentor dos direitos, e não pode circular encadernada ou encapada de maneira distinta daquela em que foi publicada, ou sem que as mesmas condições sejam impostas aos compradores subsequentes.

Sumário

Prefácio 7

O princípio da saúde 10

Os fundamentos da fé 15

A vida e seus organismos 21

O que pensar 26

Fé 33

O uso da vontade 39

Saúde vinda de Deus 45

Resumo das ações mentais 50

Quando comer 54

O que comer 59

Como comer 65

Fome e apetites 70

Resumindo 75

Respiração 80

O sono 84

Instruções complementares 87

Um resumo da ciência do bem-estar 94

Prefácio

Este é o segundo volume de uma série, da qual o primeiro se chama *A ciência de ficar rico*. Como esse livro destina-se apenas àqueles que querem ganhar dinheiro, este é dedicado àqueles que desejam saúde, um guia prático e um manual, não um tratado filosófico. É um guia de instrução no uso do princípio universal da vida, e meu esforço tem sido o de explicar o caminho de uma maneira tão clara e simples que o leitor, embora não tenha nenhum estudo prévio sobre o novo pensamento ou sobre metafísica, possa prontamente segui-lo para ter uma saúde perfeita. Apesar de manter os essenciais, eliminei cuidadosamente todos os itens não essenciais. Em todos os momentos, não utilizei nenhuma linguagem técnica, confusa ou difícil e mantive um único ponto de vista.

Como afirma o título, o livro trata de ciência, não de especulação. A teoria monística do universo – a teoria de que matéria, mente, consciência e vida são todas manifestações de uma substância

– é agora aceita pela maioria dos pensadores, e se você também a acolher, não negará as conclusões lógicas que encontrará aqui. O melhor de tudo é que os métodos de pensamento e ação prescritos foram testados pelo autor em seu próprio caso e no de outras centenas de pessoas, durante doze anos de prática, com sucesso contínuo e infalível. Posso dizer que a ciência do bem-estar funciona, e que onde quer que suas leis sejam aplicadas, operará da mesma forma que a ciência da geometria. Se os tecidos do seu corpo não tiverem sido destruídos a ponto de impossibilitar a continuidade da vida, você ficará bem, e se pensar e agir de uma certa maneira, provavelmente se manterá assim.

Se o leitor deseja compreender totalmente a teoria monística do cosmo, recomenda-se que leia Hegel e Emerson. Pode ler também *The Eternal News*, um livreto de J. J. Brown (300 Cathcart Road, Govanhill, Glasgow, Escócia). Alguns esclarecimentos também podem ser encontrados em uma série de artigos do autor, que foram publicados na revista *Nautilus* (Holyoke, Massachussetts), durante o ano de 1909, sob o título *O que é verdade?*.

Aqueles que desejam informações mais detalhadas quanto ao desempenho das funções voluntárias – comer, beber, respirar e dormir – podem ler *New Science of Living and Healing, Letters to a Woman's Husband* e *The Constructive Use of Foods*, livretos de W. D. Wattles, que podem ser encomendados com os editores deste livro. Também recomendaria os escritos de Horace Fletcher e de Edward Hooker Dewey. Se quiser, leia tudo isso como uma espécie de apoio à sua fé, mas deixe-me informá-lo sobre o erro de estudar várias teorias conflitantes e praticá-las ao mesmo tempo, partes de vários "sistemas" diferentes. Pois, para você ficar bem, deve dedicar TODA a SUA MENTE à maneira *correta* de pensar e viver. Lembre-se de que *A ciência do bem-estar* alega ser um guia completo e suficiente em todos os detalhes. Concentre-se na maneira de pensar e agir que este texto prescreve, siga-o em cada detalhe, e você ficará bem, ou, se já estiver assim, continuará saudável. Confio que você continuará até que a bênção inestimável da saúde perfeita seja sua.

Meus sinceros agradecimentos,

WALLACE D. WATTLES.

O PRINCÍPIO DA SAÚDE

Na aplicação pessoal da ciência do bem-estar, assim como na ciência de ficar rico, certas verdades fundamentais devem ser conhecidas no início e aceitas sem questionamento. Algumas dessas verdades afirmamos aqui:

– O perfeito desempenho da função constitui saúde, e o desempenho perfeitamente natural da função resulta da ação natural do princípio da vida. Existe um princípio da vida no universo. É a única substância viva da qual todas as coisas são feitas. Essa substância viva permeia, fixa e preenche os interespaços do universo, está em e através de todas as coisas, como um éter muito refinado e difuso. Toda a vida vem dela. Sua vida é toda a vida que existe.

– O indivíduo é uma forma dessa substância viva e tem em si um princípio da saúde. (A palavra princípio é usada como fonte de significado.) O princípio da saúde no indivíduo, quando em plena atividade construtiva, faz com que todas as funções voluntárias de sua vida sejam desempenhadas com perfeição.

– É o princípio da saúde do indivíduo que realmente opera toda a cura, não importa qual "sistema" ou "remédio" seja empregado. Tal princípio é trazido para a atividade construtiva ao ser pensado de uma certa maneira.

Prossigo agora para provar essa última afirmação. Todos sabemos que as curas são realizadas por todos os diferentes métodos, e muitas vezes opostos, empregados nos vários ramos da arte da cura. O alopata, que dá uma forte dose de um contraveneno, cura seu paciente, e o homeopata, que dá uma dose menor do veneno mais parecido com aquele da doença, também a cura. Se a alopatia alguma vez curou algum tipo de doença, é certo que a homeopatia nunca a curou, e se a homeopatia alguma vez curou uma doença, a alopatia não poderia curá-la. Os dois sistemas são radicalmente opostos na teoria e na prática, e, ainda assim, ambos "curam" a maioria das doenças. E mesmo os remédios usados pelos médicos em qualquer escola não são os mesmos. Se tiver um caso de indigestão, procure meia dúzia de médicos e compare suas prescrições. É mais que provável que nenhum dos componentes de qualquer um deles estará no outro. Não devemos concluir que seus pacientes são curados por um princípio de saúde dentro deles, e não por algo nos vários "remédios"?

Não apenas isso, mas encontramos as mesmas doenças curadas pelo osteopata com manipulações da coluna, pelo curandeiro com orações, pelo cientista alimentar com seus cardápios, pelo cientista cristão com uma declaração de credo formulada, pelo cientista da mente com afirmações e pelos higienistas com planos de vida diferentes. A que conclusão podemos chegar diante de todos esses fatos, senão que existe um princípio de saúde que é o mesmo para todas as pessoas? Que realmente realiza todas as curas, e que há algo em todos esses "sistemas" que, em condições favoráveis, põe em ação esse princípio? Ou seja, remédios, manipulações, orações, cardápios, afirmações e práticas higiênicas realizam a cura sempre que ativam o princípio da saúde e falham sempre que não o tornam ativo. Tudo isso não indica que os resultados dependem da maneira como o paciente pensa sobre o remédio, e não dos ingredientes da prescrição?

Há uma velha história que fornece uma ilustração tão boa sobre essa questão que a comentarei aqui. Diz-se que, na Idade Média, os ossos de um santo, mantidos em um dos mosteiros, operavam milagres de cura. Em determinados dias, uma grande multidão de aflitos se reunia para tocar nas relíquias, e todos os que o faziam eram curados. Na véspera de uma dessas ocasiões, algum patife sacrílego teve acesso à caixa em que as relíquias milagrosas estavam guardadas e roubou os ossos, e, pela manhã, com a habitual multidão de sofredores esperando nos portões, os fiéis se viram privados da fonte do poder milagroso. Os responsáveis pelo mosteiro resolveram manter o assunto em segredo, na esperança de que, agindo assim, pudessem encontrar o ladrão e recuperar seus tesouros. Dirigiram-se, então, apressadamente, ao porão do convento, e desenterraram os ossos de um assassino que tinham sido deixados lá muitos anos antes. Então, os colocaram na caixa, com a intenção de dar uma desculpa plausível para o fracasso do santo em realizar seus milagres usuais naquele dia, e, em seguida, deixaram entrar o grupo dos doentes. Para o imenso espanto daqueles que compartilhavam do segredo, os ossos do malfeitor mostraram-se tão eficazes quanto os do santo, e a cura continuou como antes. Diz-se que um dos padres deixou uma história do acontecimento,

A CIÊNCIA DO BEM-ESTAR

na qual confessou que, em seu julgamento, o poder de cura estava o tempo todo nas próprias pessoas, e não nos ossos.

Quer a história seja verdadeira, quer não, a conclusão aplica-se a todas as curas operadas por todos os sistemas. O poder que cura está no próprio paciente, e, se ele se tornará ativo ou não, não depende dos meios físicos ou mentais usados, e, sim, da maneira como o paciente pensa sobre esses meios. Existe um princípio universal de vida, como Jesus ensinou: um grande poder de cura espiritual, e há um princípio de saúde no indivíduo que está relacionado a esse poder de cura. A maneira como o indivíduo pensa fará com que esse poder fique adormecido ou ativo. Sempre se pode acelerar tal poder quando se pensa de determinada maneira.

Sua cura não depende da adoção de algum sistema ou da descoberta de algum remédio. Pessoas com doenças idênticas foram curadas por todos os sistemas e remédios. Algumas estão bem e outras, doentes, e isso não depende do meio em que elas se encontram. Não depende da ocupação, a não ser no caso de quem trabalha em condições insalubres. As pessoas estão bem em todos os ofícios e profissões. Sua cura depende de você começar a pensar – e a agir – de determinada maneira.

A forma como um indivíduo pensa sobre as coisas é determinada pela sua crença sobre elas. Seus pensamentos são determinados por sua fé, e os resultados dependem de ele realizar um apelo pessoal dessa fé. Se um indivíduo tem fé na eficácia de um remédio e é capaz de aplicá-la a si mesmo, esse remédio certamente fará com que ele seja curado. Mas, embora sua fé seja grande, ele não será curado a menos que a aplique a si mesmo. Muitos doentes têm fé nos outros, mas nenhuma em si mesmos. Portanto, se a pessoa tem fé em um sistema de dieta e pode aplicá-la, isso o curará. E se ele tem fé em orações e afirmações e, de forma pessoal, aplica essa fé, orações e afirmações vão curá-lo. A fé, aplicada pessoalmente, cura. E não importa quanto sua fé seja grande ou persistente, seu pensamento não o curará sem aplicação pessoal. Então, a ciência do bem-estar inclui os dois campos de pensamento e ação. Para estar bem, não é suficiente que o indivíduo deva simplesmente pensar de uma certa maneira. Ele deve aplicar seu pensamento a si mesmo, expressá-lo e externá-lo em sua vida exterior, agindo da mesma maneira como pensa.

Os fundamentos da fé

Antes que o indivíduo possa pensar de uma certa maneira, que fará com que suas doenças sejam curadas, ele deve acreditar em certas verdades que serão declaradas aqui:

– Todas as coisas são feitas de uma substância viva, que, em seu estado original, permeia, fixa e preenche os interespaços do universo. Embora todas as coisas visíveis sejam feitas dela, ainda assim essa substância, em sua primeira condição sem forma, está em e através de todas as formas visíveis que ela fez. Sua vida se encontra tudo, e sua inteligência está em tudo.

– Essa substância cria pelo pensamento, e seu método é assumir a forma daquilo sobre o qual ela pensa. Logo, o pensamento de uma forma mantida por essa substância faz com que ela assuma essa forma. O pensamento de um movimento faz com que ele se inicie. As formas são criadas por essa substância ao se mover para certas atitudes ou posições. Quando a substância original deseja criar uma determinada forma, ela pensa nos movimentos que a produzirão. Quando deseja criar um mundo, pensa nos movimentos, talvez estendendo-se através das eras, que resultarão em sua chegada na atitude e na forma do mundo, e então esses movimentos são feitos. Quando deseja criar um carvalho, pensa nas sequências de movimento, talvez estendendo-se através das eras, que resultarão na forma de um carvalho, e esses movimentos são feitos. As sequências particulares de movimento pelas quais as formas diferentes devem ser produzidas foram estabelecidas no início e são imutáveis. Certos movimentos instituídos na substância amorfa produzirão para sempre certas formas.

O corpo do indivíduo é formado a partir da substância original e é o resultado de certos movimentos, que primeiro existiram como pensamentos da substância original. Os movimentos que produzem, renovam e reparam o corpo do indivíduo são chamados de *funções*, e elas pertencem a duas classes: voluntárias e involuntárias. As funções involuntárias estão sob o controle do princípio de saúde do indivíduo e são realizadas de maneira perfeitamente saudável enquanto ele pensar de uma determinada maneira. As funções voluntárias da vida são comer, beber, respirar e dormir. Elas, total ou parcialmente, estão sob a direção da mente consciente do indivíduo, e, se ele quiser, poderá executá-las de maneira saudável. Se não as executar assim, não ficará bem por muito tempo. Dessa forma, vemos que, se o indivíduo pensar de determinada maneira, e comer, beber, respirar e dormir de maneira correspondente, ficará bem.

As funções involuntárias da vida do indivíduo estão sob o controle direto do princípio de saúde, e enquanto ele pensa de uma forma perfeitamente saudável, essas funções são desempenhadas com perfeição, pois a ação do princípio de saúde é amplamente dirigida pelo pensamento consciente do ser, afetando sua mente subconsciente.

O indivíduo é um centro pensante, capaz de originar o pensamento, e como ele não sabe tudo, comete erros e pensa errado. Não sabendo de tudo, ele acredita que são verdadeiras as coisas que não são. A pessoa mantém em seu pensamento a ideia de funcionamento e condições doentias e anormais, e assim distorce a ação do princípio da saúde, alterando o funcionamento e causando condições enfermas e anormais em seu próprio corpo. Na substância original, são mantidos apenas os pensamentos de movimento perfeito, função perfeita e saudável e vida completa. Deus nunca pensa em doença ou imperfeição. Mas, por incontáveis eras, os indivíduos mantiveram pensamentos de doença, anormalidade, velhice e morte, e o funcionamento distorcido resultante desses pensamentos tornou-se parte da herança da espécie humana. Por muitas gerações, nossos ancestrais mantiveram ideias imperfeitas sobre a aparência humana e o modo de seu organismo funcionar. E começamos a vida com impressões limitadas, subconscientes de imperfeição e doença.

Isso não é natural nem faz parte do plano da natureza. O propósito da natureza não pode ser nada mais que a perfeição. Vemos isso na própria natureza, que sempre avança em direção a uma vida mais perfeita. Esse avanço é o resultado inevitável do próprio ato de viver. Ir adiante é sempre o resultado de uma vida ativa. E tudo o que vive deve avançar sempre mais e mais. A semente, no silo, tem vida, mas ainda não rompeu os limites. Coloque-a no solo e ela se tornará ativa, e imediatamente começará a se concentrar na substância circundante e a se construir em uma forma de planta. Isso se multiplicará tanto que serão produzidas trinta, sessenta ou cem sementes, cada uma com tanta vida quanto a primeira.

A vida, ao viver, se multiplica.

Se a vida não se multiplicar ela deixará de ser vida, e seu impulso fundamental é esse. É em resposta a esse impulso fundamental que a substância original funciona e cria. Deus vive quando cria e multiplica. Ao se multiplicar, Ele segue em frente para viver mais.

O universo é uma grande vida que avança, e o propósito da natureza é esse avanço em direção ao funcionamento perfeito. O propósito da natureza é a saúde perfeita.

No que diz respeito ao indivíduo, o propósito da natureza é que ele avance continuamente, que viva mais e progrida em direção à perfeição, tendo uma vida o mais completa possível naquilo que dependa de sua ação.

Deve ser assim porque aquilo que vive no indivíduo busca mais vida.

Dê lápis e papel a uma criança, e ela começará a desenhar figuras grosseiras. Aquilo que vive nela está tentando se expressar por meio da arte. Dê a ela um conjunto de blocos, e tão logo ela tentará construir algo. O que vive nela busca expressão na arquitetura. Sente-a ao piano, e ela tentará extrair harmonia das teclas. O que vive nela busca expressar-se na música. Aquilo que vive no indivíduo sempre almeja viver mais e, visto que ele vive mais quando está bem, o princípio da natureza nele só pode buscar saúde. O estado natural do ser é um estado de saúde perfeita, e tudo nele, e na natureza, tende à saúde.

A doença não pode ter lugar no pensamento da substância original, pois é, por sua natureza, continuamente impelida à vida mais plena e perfeita; portanto, em direção à saúde. O indivíduo, como existe no pensamento da substância sem forma, tem saúde perfeita. A doença, que é uma função anormal ou distorcida, se movimenta de maneira imperfeita ou na direção de uma vida imperfeita – não tem lugar no pensamento das coisas pensantes.

A mente suprema nunca pensa em doença. Ela não foi criada ou ordenada por Deus, ou enviada por Ele. É totalmente um produto separado da consciência, do pensamento individual da pessoa. Deus, que não tem forma, não vê a doença, não pensa nela, não a conhece nem a reconhece. A doença é reconhecida apenas pelo pensamento do indivíduo. Deus não pensa nada além da saúde.

De tudo o que foi exposto, vemos que a saúde é *um fato* ou VERDADE na substância original, da qual todos nós somos formados, e a doença é um funcionamento imperfeito, resultante dos pensamentos imperfeitos dos indivíduos, do passado e do presente. Se os pensamentos do ser sobre si mesmo sempre foram aqueles sobre saúde perfeita, não poderá ele agora ser diferente do perfeitamente saudável.

A pessoa em perfeita saúde é o pensamento da substância original, e o ser com a saúde imperfeita é o resultado de sua própria falha em pensar em uma saúde perfeita e em realizar as funções voluntárias da vida de maneira saudável. Organizaremos aqui, em um plano de estudos, as verdades básicas da ciência do bem-estar.

Existe uma substância pensante da qual todas as coisas são feitas e que, em seu estado original, permeia, fixa e preenche os interespaços do universo. É a vida de tudo.

O pensamento de uma forma nessa substância causa tal forma, o pensamento de um movimento o produz. Em relação ao indivíduo, os pensamentos dessa substância são sempre de perfeito funcionamento e de perfeita saúde.

O indivíduo é um centro pensante, capaz de pensamento original, e seu pensamento tem poder sobre seu funcionamento.

WALLACE D. WATTLES

Por ter pensamentos imperfeitos, ele causa um funcionamento imperfeito e distorcido, e ao desempenhar as funções voluntárias da vida de maneira distorcida, ajuda a causar doenças.

Se o ser tiver apenas pensamentos de saúde perfeita, ele pode causar dentro de si o funcionamento dela, e todo o poder da vida será exercido para ajudá-lo. Mas esse funcionamento saudável não continuará a menos que a pessoa desempenhe as funções externas, ou voluntárias, de viver de maneira saudável.

O primeiro passo dela deve ser aprender a pensar em saúde perfeita, e o segundo é aprender a comer, beber, respirar e dormir de uma forma perfeitamente saudável. Se o indivíduo der esses dois passos, certamente ficará bem e assim permanecerá.

A vida e seus organismos

O corpo humano é a morada de uma energia que o renova quando usada. Que elimina resíduos ou substância venenosa, que repara o corpo quando danificado ou ferido. Chamamos essa energia de vida. A vida não é gerada ou produzida dentro do corpo. Ela *produz o corpo*.

A semente que foi mantida no armazém por anos crescerá quando plantada no solo e produzirá uma planta. Mas a vida na planta não é gerada por seu crescimento. É a vida que faz a planta crescer.

O desempenho da função não causa vida. Antes, é essa que faz com que a função seja executada. A vida está em primeiro lugar. A função vem depois.

É a vida que distingue o orgânico da matéria inorgânica, mas não é produzida após a organização da matéria.

Ela é o princípio ou força que causa a organização e constrói organismos.

É um princípio ou força inerente à substância original. E toda vida é uma força.

Esse princípio da vida de tudo é o princípio da saúde no indivíduo, e se torna ativo sempre que o ser pensa de uma maneira construtiva. Portanto, quem pensa assim terá uma saúde perfeita, pois seu funcionamento externo estará em conformidade com seu pensamento. O indivíduo não pode esperar ficar bem, ao pensar em saúde, se comer, beber, respirar e dormir como uma pessoa doente.

Então, o princípio da vida universal é o princípio da saúde no indivíduo. É aquele com a substância original, da qual todas as coisas são feitas, e ela está viva, e sua vida é o princípio de vida do universo. Essa substância criou de si mesma todas as formas de vida orgânica, pensando nelas ou nos movimentos e nas funções que as produzem.

A substância original pensa apenas na saúde, porque conhece toda a verdade. Não há verdade que não seja conhecida na substância sem forma, que é tudo, e está em tudo. Não apenas tem conhecimento de toda a verdade, mas tem todo o poder. Esse poder vital é a fonte de toda a energia que existe. Uma vida consciente que conhece toda a verdade e que tem todo o poder não pode dar errado ou funcionar de maneira imperfeita. Sabendo de tudo, ela sabe muito para dar errado, e assim a substância sem forma não pode ser ou pensar em doença.

O indivíduo é uma forma dessa substância original e possui uma consciência separada própria, mas ela é limitada e, portanto, imperfeita. Por causa de seu conhecimento limitado, o indivíduo pode pensar de maneira errônea, e assim causa funções corrompidas e imperfeitas em seu próprio corpo. O indivíduo não sabe muito e isso o induz ao erro. O funcionamento doente ou imperfeito não é

A CIÊNCIA DO BEM-ESTAR

o resultado instantâneo de um pensamento imperfeito, mas está fadado a acontecer se ele se tornar habitual. Qualquer pensamento mantido continuamente pelo indivíduo tende ao estabelecimento da condição correspondente em seu corpo.

Além disso, o indivíduo falha em aprender como desempenhar as funções voluntárias de sua vida de maneira saudável. Ele não sabe quando, o que e como comer. Sabe pouco sobre respiração e menos sobre sono. Tem feito todas essas coisas sob condições e maneiras erradas, e isso porque negligenciou seguir o único guia seguro para o conhecimento da vida. Tentou viver mais pela lógica do que pelo instinto e fez da vida uma questão de arte, e não de natureza. E deu errado.

Seu único remédio é começar a pensar certo e isso com certeza ele pode fazer. O trabalho deste livro é ensinar toda a verdade, para que os leitores adquiram tamanha sabedoria que nada poderá dar errado.

Os pensamentos sobre doença produzem as formas da doença. As pessoas devem aprender a pensar na saúde. Ao praticar a substância original, essa assumirá a forma de seus pensamentos, e esses se modularão em um desenho, em um aspecto de saúde e a manifestará perfeita em todo o seu funcionamento. As pessoas curadas ao tocar nos ossos do santo fizeram com que isso acontecesse porque pensaram de uma determinada maneira, e não por qualquer poder emanado das relíquias. Não há poder de cura nos ossos dos mortos, sejam eles de santos ou pecadores.

Da mesma maneira, os indivíduos que foram curados pelas doses do alopata ou do homeopata foram de fato curados porque seu pensamento estava voltado para o bem que viria daquelas poções tomadas. Não existe droga que tenha em si mesma o poder de curar doenças.

E, ainda, quem foi curado por meio de orações e afirmações também alcançou tal intento porque sua mente voltou-se para a

WALLACE D. WATTLES

certeza de alcançar esse objetivo. Não há poder de cura nesse rosário de palavras.

Todos os enfermos que foram curados, por qualquer "sistema", traziam a ideia da cura no próprio pensar, e uma pequena investigação nos mostrará o que é esse caminho.

OS DOIS FUNDAMENTOS DO CAMINHO SÃO A FÉ E UMA APLICAÇÃO PESSOAL DA FÉ.

As pessoas que tocaram os ossos do santo tiveram fé, e tão grande ela era que, no instante em que tocaram as relíquias, CORTARAM TODAS AS RELAÇÕES MENTAIS COM A DOENÇA, E MENTALMENTE UNIFICARAM-SE COM A SAÚDE.

Essa mudança de mentalidade foi acompanhada por um intenso SENTIMENTO devocional que se fixou nos recessos mais profundos de suas almas, e assim despertou o princípio da saúde para uma ação poderosa. Foi por causa da fé que alegaram serem curados ou se apropriarem da saúde, e, exercendo plenamente essa fé, deixaram de pensar em si mesmos em relação à doença, passando a fazê-lo apenas voltados à saúde.

Estes são os dois fundamentos para pensar da maneira certa que o deixará bem: primeiro, reivindicar ou se apropriar da saúde pela fé, e, em segundo lugar, cortar todas as relações mentais com a doença e adentrar em relações mentais com a saúde. Mentalmente, aquilo que fazemos de nós mesmos transforma nosso físico. E aquilo com o qual nos unimos mentalmente, nos torna unificados fisicamente. Se o seu pensamento sempre se relaciona à doença, então ele criará um poder fixo para causar a doença dentro de você.

A CIÊNCIA DO BEM-ESTAR

E se o seu pensamento sempre se relaciona com a saúde, então ele se torna um poder fixo exercido para mantê-lo bem.

No caso das pessoas que são curadas por remédios, o resultado é obtido da mesma forma. Elas têm, conscientes ou não, fé suficiente nos meios usados para levá-las a romper relações mentais com a doença para voltá-las para a saúde. A fé pode estar inconsciente. É possível que tenhamos uma fé subconsciente ou inata em coisas como a medicina, nas quais não acreditamos de forma objetiva, e essa fé subconsciente pode ser suficiente para acelerar o princípio de saúde em atividade construtiva. Muitos que têm pouca fé consciente são curados dessa maneira, enquanto outros que têm grande fé nos meios não são curados porque não fazem a aplicação pessoal a si mesmos. Sua fé é geral, mas não específica para seus próprios casos.

Na ciência do bem-estar, temos dois pontos principais a considerar: em primeiro lugar, como pensar com fé, e, em segundo lugar, como aplicar o pensamento a nós mesmos de forma a tornar o princípio de saúde uma atividade construtiva. Começaremos aprendendo o que pensar.

O QUE PENSAR

A fim de cortar todas as relações mentais com a doença, você deve entrar em relações mentais com a saúde, tornando o processo positivo. Um pensamento de suposição, não de rejeição. Deve receber ou se apropriar da saúde, em vez de rejeitar e negar a doença. Negar a doença não leva a quase nada. Não adianta nada expulsar o diabo e deixar a casa vazia, pois ele logo voltará com outros piores. Quando você entra em relações mentais plenas e constantes com a saúde, é necessário cessar todo relacionamento com a doença. Então, o primeiro passo na ciência do bem-estar é entrar em conexão completa com a saúde por meio do pensamento.

A melhor maneira de fazer isso é formar uma imagem mental de você mesmo estando bem, imaginando um corpo perfeitamente forte e saudável, e gastar tempo suficiente contemplando essa imagem para torná-la habitual a seu pensamento.

A CIÊNCIA DO BEM-ESTAR

Isso não é tão fácil quanto parece, pois requer um tempo considerável de meditação, e nem todas as pessoas têm a capacidade de produzir uma imagem bem desenvolvida de si formá-la mentalmente distinta de si mesmo em um corpo idealizado ou perfeito. É mais fácil, como em *A ciência de ficar rico*, formar uma imagem mental das coisas que se deseja ter, pois já vimos essas coisas, ou suas contrapartes, e sabemos como elas são. Por meio da da memória, podemos imaginá-las de forma mais fácil. Mas nunca nos vimos em um corpo perfeito, e uma *clara* imagem mental é difícil de ser formada.

Entretanto, não é necessário ter uma imagem mental clara de si mesmo de como você deseja estar; é essencial apenas formar uma CONCEPÇÃO de saúde perfeita e se relacionar com ela. Essa concepção de saúde não é uma imagem mental de uma coisa particular, é uma compreensão da saúde, e traz consigo a ideia de um funcionamento perfeito de todas as partes do corpo.

Você pode TENTAR imaginar-se com um físico perfeito. Isso ajuda e você DEVE *pensar em si mesmo como se estivesse fazendo tudo como uma pessoa perfeitamente forte e saudável faria.* Você pode se imaginar caminhando pela rua com a postura ereta e passos vigorosos. Pode se imaginar realizando seu trabalho do dia com facilidade e com excesso de vigor, mas nunca cansado ou fraco. Em sua mente, pode imaginar como todas as coisas seriam feitas por alguém cheio de saúde e vitalidade, e pode se tornar a figura central na imagem, reproduzindo as coisas exatamente dessa maneira. Nunca pense nas formas reproduzidas por pessoas fracas ou enfermas. Pense sempre em como pessoas fortes fazem essas coisas. Invista seu tempo de lazer em pensar de uma forma poderosa, até que você tenha uma boa concepção disso, e sempre pense em si mesmo em conexão com essa maneira poderosa de realizar as coisas. Isso é o que quero dizer com relação a uma determinada concepção de saúde.

Para estabelecer o funcionamento perfeito em todas as partes, o indivíduo não precisa estudar anatomia ou fisiologia, para que possa formar uma imagem mental de cada órgão do seu corpo e dirigir-se a eles. Não precisa "tratar" o fígado, os rins, o estômago ou o coração. Existe um princípio de saúde no indivíduo, que tem controle sobre todas as funções involuntárias de sua vida, e o pensamento de saúde perfeita, descrito nesse princípio, alcançará cada parte e órgão do seu corpo. O fígado do indivíduo não é controlado por um princípio hepático, seu estômago por um princípio digestivo e assim por diante. O princípio da saúde é somente um.

Quanto menos você entrar no estudo detalhado da fisiologia, melhor para você. Nosso conhecimento dessa ciência é muito imperfeito e nos leva a pensamentos imperfeitos. Esse pensamento causa um funcionamento imperfeito, que é a doença. Darei um exemplo: até bem recentemente, a fisiologia fixou dez dias como o limite extremo da resistência do indivíduo sem comida. Considerou-se que apenas em casos excepcionais ele poderia sobreviver a um jejum mais longo. Assim, tornou-se disseminada a impressão de que quem foi privado de comida deveria morrer de cinco a dez dias, e muitas pessoas, quando ficaram sem comida devido a um naufrágio, acidente ou fome, morreram nesse período. Mas as atuações do Dr. Tanner, em *Forty Days Without a Food*[1], e os escritos do Dr. Dewey e outros sobre a cura pelo jejum, juntamente com os experimentos de inúmeras pessoas que jejuaram de quarenta a sessenta dias, mostraram que a capacidade dos indivíduos de viver sem comida é muito maior do que se supunha. Qualquer pessoa,

---

[1] No original, o autor menciona um livro chamado *Forty-Day Faster*, porém, em pesquisas, descobrimos que o livro do Dr. Tanner se chama *Forty Days Without a Food* (N.T.).

A CIÊNCIA DO BEM-ESTAR

com devida orientação, pode jejuar de vinte a quarenta dias com pouca perda de peso e, muitas vezes, sem nenhuma perda aparente de força. As pessoas que morreram de fome em dez dias ou menos acreditavam que a morte era inevitável. Um pensamento errado sobre si mesmas deu-lhes uma fisiologia errada. Quando um ser é privado de alimento, morre de dez a cinquenta dias, de acordo com a maneira de como isso foi ensinado, ou, em outras palavras, de acordo com a maneira como ele pensa a respeito. Então você entende que um pensamento errado gera uma fisiologia errada, e pode produzir resultados muito prejudiciais.

Nenhuma ciência de bem-estar pode ser fundada na fisiologia atual. Não é suficientemente exata em seu conhecimento. Com todas as suas pretensões, pouco se sabe de fato sobre o funcionamento e os processos internos do corpo. Não se sabe exatamente como o alimento é digerido, como a comida desempenha, se é que desempenha algum papel, no desenvolvimento da força. Não se sabe exatamente para que servem o fígado, o baço e o pâncreas, ou que papel desempenham suas secreções na química da assimilação. Sobre todos esses e muitos outros pontos, teorizamos, mas não sabemos de fato. Quando o indivíduo começa a estudar fisiologia, ele entra no domínio da teoria e da disputa. Depara-se com opiniões conflitantes e está fadado a formar ideias equivocadas a respeito de si mesmo. Essas ideias equivocadas levam a pensamentos errados, ao funcionamento imperfeito do corpo e, consequentemente, à doença. Tudo o que o mais perfeito conhecimento sobre fisiologia poderia fazer pelo homem seria capacitá-lo a ter apenas pensamentos de saúde perfeita e comer, beber, respirar e dormir de maneira saudável. E isso, como mostraremos, ele pode fazer perfeitamente sem estudar fisiologia.

Na maior parte, isso é válido para toda a higiene. Existem certas proposições fundamentais que devemos conhecer, e isso será explicado em capítulos posteriores, mas, à parte essas proposições, ignore a fisiologia e a higiene. Elas tendem a encher sua mente com pensamentos de condições imperfeitas, e produzirão a imagem de condições perfeitas em seu próprio corpo. Você não pode estudar nenhuma "ciência" que reconheça a doença se quiser pensar somente na saúde.

> ABANDONE TODAS AS INVESTIGAÇÕES SOBRE SUA CONDIÇÃO ATUAL, SUAS CAUSAS OU POSSÍVEIS RESULTADOS, E COLOQUE-SE NA FUNÇÃO DE FORMAR UMA CONCEPÇÃO DE SAÚDE.

Pense na saúde e em suas possibilidades. Do trabalho que pode ser feito e dos prazeres que podem ser desfrutados em condições de saúde perfeita. Então, faça dessa concepção o seu guia para pensar em si mesmo. Recuse-se a permitir, até mesmo por um instante, qualquer pensamento de si mesmo que não esteja em harmonia. Quando alguma ideia de doença ou funcionamento imperfeito entrar em sua mente, expulse-a no mesmo instante, evocando um pensamento que esteja em harmonia com a concepção de saúde.

Pense em si mesmo o tempo todo como uma concepção realizadora, como sendo um personagem forte e perfeitamente saudável, e não abrigue nenhum pensamento contrário.

A CIÊNCIA DO BEM-ESTAR

Saiba que, ao pensar em si mesmo em unidade com essa concepção, a substância original que permeia e preenche os tecidos do seu corpo está tomando forma de acordo com o pensamento, e saiba que essa substância inteligente, ou substância mental, fará com que a função seja executada de tal forma que seu corpo será reconstruído com células perfeitas e saudáveis.

A substância inteligente, da qual todas as coisas são feitas, permeia e fixa tudo, e assim é dentro e através de seu corpo. Ele se move de acordo com seus pensamentos, e, assim, se você mantiver apenas os pensamentos de função perfeitamente saudável, isso os causará dentro de você.

Acredite com persistência no pensamento de saúde perfeita existente em você. Não se permita pensar de outra maneira. Acredite nesse pensamento com fé de que o fato é a verdade. É a verdade no que diz respeito ao seu corpo mental. Você tem um corpo mental e um corpo físico. O corpo mental assume a forma exata de como você pensa sobre si mesmo, e todo pensamento que você mantenha continuamente torna-se visível pela transformação do corpo físico em sua imagem. Implantar o pensamento de funcionamento perfeito no corpo mental, no devido tempo, causará o funcionamento perfeito no corpo físico.

A transformação do corpo físico na imagem do ideal sustentado pela mente-corpo não é realizada de maneira instantânea. Não podemos transfigurar nosso corpo físico à vontade, assim como Jesus fez. Na criação e recriação de formas, a substância se move ao longo das linhas fixas de crescimento que estabeleceu, e a impressão sobre ela do pensamento de saúde faz com que o corpo saudável seja construído célula por célula. Manter apenas pensamentos de saúde perfeita ocasionará um funcionamento perfeito, e, no devido tempo, o funcionamento perfeito produzirá um corpo perfeitamente saudável. Pode ser bom condensar este capítulo em um programa:

Seu corpo físico é permeado e equipado com uma substância inteligente, que forma um corpo de matéria mental. Essa substância mental controla o funcionamento do seu corpo físico. Um pensamento de doença ou função imperfeita, impresso na substância da mente, causa doença ou funcionamento imperfeito do corpo físico. Se você está doente, é porque pensamentos errados fizeram impressões sobre essa substância mental. Esses pensamentos podem ter sido os seus ou até mesmo os de seus pais. Começamos a vida com muitas impressões subconscientes, certas e erradas. Mas a tendência natural de toda a mente é para a saúde, e se nenhum pensamento for mantido na mente consciente, exceto os de saúde, todo o funcionamento interno será executado de maneira perfeitamente saudável.

O poder da natureza em seu interior é suficiente para superar todas as impressões hereditárias, e se você aprender a controlar seus pensamentos, de modo que pense apenas no que se refere à saúde, e se desempenhar as funções voluntárias da vida de uma forma perfeitamente saudável, você poderá ficar bem.

FÉ

O princípio da saúde é movido pela fé. Nada mais pode colocá-lo em ação, e somente a fé pode capacitá-lo a se relacionar com a saúde e cortar sua relação com a doença em seus pensamentos.

A menos que tenha fé na saúde, você continuará pensando em doenças. Se não tiver fé, duvidará, e, se duvidar, terá medo. E se você tem medo, se relacionará mentalmente com aquilo que teme.

Se você teme a doença, pensará em si mesmo em conexão com a doença, e isso produzirá dentro de você a forma e os movimentos da doença. Assim como a substância original cria de si mesma as formas de seus pensamentos, o seu corpo-mente, que é a substância original, assume a forma e o movimento de tudo o que você pensa. Se você tem medo da doença, tem dúvidas sobre sua segurança contra a doença, ou se até mesmo contempla a doença, você se conectará a ela e criará suas formas e seus movimentos dentro de você.

Deixe-me ampliar um pouco esse assunto. A potência, ou poder criativo, de um pensamento é dado a ele *pela fé que nele se encontra*. Pensamentos que não contêm fé não criam formas.

Portanto, a substância amorfa que conhece toda a verdade, e pensa apenas a verdade, tem a fé perfeita em cada pensamento, porque pensa apenas a verdade, e assim todos os seus pensamentos são criados.

Mas se você levar em consideração um pensamento na substância sem forma no qual não havia fé, verá que tal pensamento não poderia fazer com que a substância se movesse ou tomasse forma.

Tenha em mente o fato de que apenas aqueles pensamentos que são concebidos na fé têm energia criativa. Somente aqueles pensamentos que têm fé em si mesmos são capazes de mudar de função, ou fazer com que o princípio da saúde entre em atividade.

Se você não tem fé na saúde, é certo que terá fé na doença. Se você não tiver fé na saúde, não lhe fará bem pensar sobre saúde, pois seus pensamentos não terão potência e não causarão nenhuma mudança para melhorar suas condições. Se não tem fé na saúde, repito, terá fé na doença, e se, sob tais condições, pensar em saúde por dez horas por dia, e pensar em doença por apenas alguns minutos, o pensamento da doença controlará sua condição porque terá a potência da fé, enquanto o pensamento da saúde não. Seu corpo-mente assumirá a forma e os movimentos da doença e os reterá, porque seu pensamento de saúde não terá força dinâmica suficiente para mudar a forma ou o movimento.

Para pôr em prática a ciência do bem-estar, você deve ter fé total na saúde.

A fé começa na crença, e agora chegamos à questão: *No que você deve acreditar para ter fé na saúde?*

A CIÊNCIA DO BEM-ESTAR

Deve acreditar que existe mais poder da saúde do que poder da doença, tanto em você quanto em seu ambiente, e não deixar de acreditar nisso se considerar os fatos. São os fatos:

Existe uma substância pensante da qual todas as coisas são feitas e que, em seu estado original, permeia, fixa e preenche os interespaços do universo.

O pensamento de uma forma, nessa substância, produz a forma, o pensamento de uma moção institui a moção. Em relação ao homem, os pensamentos da substância original são sempre de perfeita saúde e funcionamento perfeito. Essa substância, dentro e fora do homem, sempre exerce seu poder para a saúde.

O homem é um centro pensante, capaz de criar pensamento original. Ele tem um corpo-mente da substância original permeando um corpo físico, e o funcionamento de seu corpo físico é determinado pela FÉ de seu corpo-mente. Se o indivíduo pensar com fé no funcionamento da saúde, fará com que suas funções internas sejam desempenhadas de maneira saudável, desde que desempenhe as funções externas de maneira correspondente. Mas se o indivíduo pensa, com fé, na doença ou no poder da doença, fará com que seu funcionamento interno seja o funcionamento da doença.

A substância inteligente original está no indivíduo, movendo-se em direção à saúde, e o pressiona de todos os lados. O ser se move e vive em um oceano ilimitado de poder de saúde, e usa esse poder de acordo com sua fé. Se se apropria desse poder e o aplica a si mesmo, é todo dele. E caso se una a ele pela fé inquestionável, não pode deixar de obter saúde, pois o poder dessa substância é todo o poder que existe.

A crença nas afirmações acima é um fundamento para a fé na saúde. Se você acredita nelas, acredita que saúde é o estado natural do ser, e ele vive em meio à saúde universal, que todo o poder da natureza contribui para a saúde, e que ela é possível a todos e com certeza pode ser alcançada por todos. Você vai acreditar que o poder da saúde no universo é dez mil vezes maior do que o das doenças; na verdade, a doença não tem nenhum poder, sendo apenas o resultado de pensamento e fé distorcidos. E, certamente, se acreditar que a saúde é possível, que pode ser alcançada, e que você sabe de fato o que fazer para obtê-la, terá fé na saúde. Você terá essa fé e conhecimento se ler este livro com cuidado e decidir acreditar e praticar seus ensinamentos.

Não é meramente a posse da fé, mas a aplicação pessoal da fé que opera a cura. No início, você deve reivindicar saúde e formar uma concepção sobre ela. E, tanto quanto possa fazer, de si mesmo, uma pessoa perfeita e saudável, então pela fé você deve alegar que ESTÁ REALIZANDO essa concepção.

Não afirme com fé que você ficará bem, antes, afirme que JÁ ESTÁ bem.

Ter fé na saúde e aplicá-la a si mesmo significa ter fé de que você é saudável, *e o primeiro passo para isso é afirmar que se trata da verdade.*

Assuma mentalmente a atitude de estar bem e não diga nada nem faça nada que contradiga essa atitude. Nunca fale uma palavra ou assuma uma atitude física que não se harmonize com a afirmação: "Estou perfeitamente bem". Ao caminhar, faça-o com um passo rápido, com o peito ereto e a cabeça erguida. Observe que, em todos os momentos, suas ações e atitudes físicas são as de uma pessoa saudável. Quando você descobrir que recaiu na atitude de fraqueza ou de doença, mude no mesmo instante. Aprume-se, pense em saúde e poder. Recuse considerar a si mesmo como outra pessoa que não aquela que você é: perfeitamente saudável.

Uma grande ajuda – talvez a maior delas – na aplicação de sua fé, você encontrará no exercício da gratidão.

Sempre que pensar em si mesmo ou em sua condição avançada, agradeça à grande substância inteligente pela saúde perfeita que está desfrutando.

Como ensinou Swedenborg, lembre-se de que há um fluxo contínuo de vida do supremo, que é recebido por todas as coisas criadas de acordo com suas formas, e pelo indivíduo de acordo com sua fé. A saúde vinda de Deus está sempre sendo estimulada em você, e quando pensar nisso, eleve sua mente com reverência a Ele e agradeça por ter sido conduzido à verdade e à perfeita saúde mental e física. O tempo todo, esteja em um estado de espírito de gratidão, e deixe-a ser evidente em seu discurso.

A gratidão o ajudará a possuir e a controlar seu próprio campo de pensamento.

Sempre que o pensamento de uma doença lhe for apresentado, invoque a saúde imediatamente e agradeça a Deus pela saúde perfeita que você tem. Faça isso de modo que não haja espaço em sua mente para pensamentos doentios. Cada pensamento relacionado de alguma forma com problemas de saúde é indesejável, e você pode fechar a porta da sua mente na cara da doença, afirmando que está bem e agradecendo a Deus por isso. Logo, os pensamentos antigos não retornarão mais.

A gratidão tem um efeito duplo, pois fortalece sua fé e a coloca em relações íntimas e harmoniosas com o supremo. Você acredita que existe uma substância inteligente da qual vem toda a vida e todo o poder. Acredita que recebe sua vida dessa substância, e se relaciona intimamente com Ela, sentindo uma gratidão contínua. É fácil ver que quanto mais intimamente você se relaciona com a fonte da vida, mais prontamente poderá receber dela a vida, e é fácil também verificar que sua relação com Ela é uma questão de atitude mental. Não podemos entrar em um relacionamento físico com Deus, pois Ele é uma matéria-prima da mente, e nós também somos uma matéria-prima da mente. Portanto, nossa relação com Ele deve ser uma relação mental. Então, é claro que o indivíduo que sente profunda e sincera gratidão viverá em contato mais íntimo com Deus do que aquele que nunca O olha com gratidão. A mente mal-agradecida ou ingrata realmente nega que receba, e assim corta sua conexão com o Supremo. A mente grata está sempre olhando para o Supremo e está sempre aberta para receber dele – e receberá continuamente.

O princípio da saúde no indivíduo recebe seu poder vital do princípio de vida no universo, e a pessoa se relaciona com o princípio da vida pela fé na saúde e pela gratidão à saúde que recebe.

O indivíduo pode cultivar fé e gratidão pelo uso adequado de sua vontade.

O uso da vontade

Na prática da ciência do bem-estar, a vontade não é usada para você se obrigar a ir quando realmente não é capaz, ou fazer coisas quando não é fisicamente forte o suficiente para fazê-las. Você não direciona sua vontade ao seu corpo físico nem tenta obrigar o desempenho adequado de suas funções internas pela força de vontade.

> Você direciona a vontade à mente e a usa para determinar no que deve acreditar, pensar e ao que dará sua atenção.

A vontade nunca deve ser usada em alguma pessoa ou coisa externa a você, e nem mesmo em seu corpo. O único uso legítimo da vontade é na determinação daquilo a que você deve dar atenção e no que deve pensar sobre as coisas às quais sua atenção for dada.

Toda crença começa na vontade de acreditar.

Você não pode acreditar sempre e de forma instantânea em qualquer coisa, mas pode acreditar no que escolher. Você quer acreditar na verdade sobre a saúde e pode desejar fazê-lo. As declarações que você tem lido neste livro são a verdade sobre a saúde, e você pode querer acreditar nelas, e esse deve ser o primeiro passo para melhorar.

Estas são as declarações em que você deve querer acreditar:

Existe uma substância pensante da qual todas as coisas são feitas, e o indivíduo recebe o princípio da saúde, que é sua vida, dessa substância.

O próprio indivíduo é substância pensante: um corpo mental permeando um corpo físico. Desse modo, os pensamentos de uma pessoa irão determinar o funcionamento de seu corpo físico.

Se o indivíduo tem apenas pensamentos de saúde perfeita, deve e fará com que o funcionamento interno e involuntário de seu corpo seja o da saúde, desde que seu funcionamento e atitude externos e voluntários estejam de acordo com seus pensamentos.

Se você quiser acreditar nessas declarações, também deve começar a agir de acordo com elas. Você não pode simplesmente acreditar em algo por muito tempo sem que sua ação esteja de acordo com tal crença. Não pode aumentar uma crença até que se torne fé, a menos que aja de acordo com ela; e, por outro lado, não pode

A CIÊNCIA DO BEM-ESTAR

esperar colher benefícios, de quaisquer maneiras, de uma crença, se agir ao contrário daquilo em que você pensa ou acredita. Você não pode ter fé na saúde por muito tempo se continuar a agir como uma pessoa doente. Pois agindo como doente, assim se considerará, e isso o levará a ser continuamente alguém doente.

O primeiro passo para agir como uma pessoa sã é agir assim internamente. Crie sua concepção de saúde perfeita e comece a pensar sobre ela até que isso passe a ter um significado definido para você. Imagine-se fazendo as coisas que uma pessoa forte e saudável faria e tenha fé que você o pode. Continue assim até que tenha uma vívida CONCEPÇÃO de saúde e o que isso significa para você. Quando falo, neste livro, de concepção de saúde, refiro--me a uma concepção que mostra a ideia de como uma pessoa saudável olha e faz as coisas. Pense em si mesmo em conexão com a saúde até formar uma concepção de como viveria, pareceria, agiria e faria as coisas como uma pessoa perfeitamente saudável. Pense em si mesmo em conexão com a saúde até se conceber, na imaginação, como uma pessoa sã, até que o pensamento de saúde transmita a ideia do que isso significa para você. Como eu disse antes, você pode não ser capaz de criar uma imagem mental clara de si mesmo em perfeita saúde, mas pode conceber que age como uma pessoa saudável.

Então, forme essa concepção e tenha apenas pensamentos de saúde perfeita em relação a você mesmo e, tanto quanto possível, em relação aos outros. Quando um pensamento de doença ou enfermidade for apresentado a você, rejeite-o. Não deixe isso entrar em sua mente. Nem considere tal pensamento. Enfrente-o pensando em saúde, no fato de você estar bem, e ficando sinceramente grato pela saúde que está recebendo. Sempre que sugestões de doenças estiverem vindo rapidamente sobre você, e se estiver em uma

41

"situação difícil", recorra ao exercício da gratidão. Conecte-se com o Supremo. Agradeça a Deus pela saúde perfeita que Ele lhe dá e, em breve, você descobrirá que é capaz de controlar seus pensamentos e pensar no que quiser. Em tempos de dúvida, provação e tentação, o exercício de gratidão é sempre uma âncora que não deixará você ser arrastado. Lembre-se de que o grande elemento essencial é COR-TAR TODAS AS RELAÇÕES MENTAIS COM A DOENÇA E SE ENTREGAR A UMA RELAÇÃO MENTAL COMPLETA COM A SAÚDE. Essa é a CHAVE – é tudo de que você precisa para a cura mental. Aqui vemos o segredo do grande sucesso da Ciência Cristã: mais do que qualquer outro sistema formulado de prática, ela insiste que seus convertidos cortem relações com a doença e se relacionem plenamente com a saúde. O poder de cura da Ciência Cristã não está em suas fórmulas teológicas, nem em sua negação da matéria, mas no fato de que induz o doente a ignorar a doença como uma coisa irreal e a aceitar a saúde pela fé como uma reali-dade. Suas falhas são causadas porque seus praticantes, enquanto pensam de certa maneira, não comem, não bebem, não respiram nem dormem de acordo com aquele pensamento.

Embora não haja poder de cura na repetição de sequências de palavras, é muito conveniente ter os pensamentos centrais formu-lados de maneira que você possa repeti-los prontamente, de modo que possa usá-los como afirmações sempre que estiver em um ambiente que lhe dê sugestões adversas. Quando as pessoas ao seu redor começarem a falar sobre doença e morte, feche os ouvidos e faça afirmação mental de algo como o seguinte:

> *Existe uma substância e eu sou essa substância.*
> *Essa substância é eterna e é vida. Eu sou essa substância e*
> *sou a vida eterna.*

Essa substância não conhece doenças. Eu sou essa substância e sou a saúde.

Exercite sua força de vontade escolhendo apenas pensamentos sobre saúde e organize seu ambiente de modo que ele sugira esse mesmo tipo de mentalidade. Não tenha livros, fotos ou outras coisas ao redor que sugiram morte, doença, deformidade, fraqueza ou decrepitude. Cerque-se, de outro modo, de objetos e imagens que transmitam ideia de saúde, poder, alegria, vitalidade e juventude. Quando se deparar com uma imagem que faça você pensar em doença, não dê atenção. Pense em sua concepção de saúde e em sua gratidão, e faça afirmações como as que já sugerimos antes. Use sua força de vontade para fixar sua atenção em pensamentos de saúde. Em um capítulo futuro, voltarei tocar nesse assunto. O que desejo deixar claro aqui é que você deve pensar apenas na saúde, reconhecendo e dando atenção apenas a ela, e que você deve controlar o pensamento, o reconhecimento e a atenção pelo uso de sua vontade.

Não tente usar sua vontade para obrigar o desempenho saudável da função dentro de você. O princípio da saúde cuidará disso, se você der sua atenção apenas aos pensamentos de saúde.

Nem tente exercer sua vontade sobre o ser sem forma para obrigá-lo a lhe dar mais vitalidade ou poder. Você já está colocando todo o poder que existe a seu serviço.

Você não precisa usar sua vontade para conquistar condições adversas ou subjugar forças hostis. Não existem forças hostis, existe apenas uma força, e ela é amigável com você, é uma força que contribui para a saúde.

Tudo no universo quer que você esteja bem. Não há absolutamente nada a ser superado, exceto seu próprio hábito de pensar, de uma certa maneira, sobre a doença, e você só pode fazer isso adquirindo o mesmo hábito com relação à saúde.

O indivíduo pode fazer com que todas as funções internas de seu corpo sejam realizadas de maneira perfeitamente saudável, pensando sempre de um determinado modo, e desempenhando as funções externas desse modo.

Ele pode pensar assim controlando sua atenção, o que depende do uso de sua vontade.

Ele pode decidir em que coisas vai pensar.

Saúde vinda de Deus

Este capítulo explica como o indivíduo pode receber saúde do Supremo. Por Supremo entendo a substância pensante da qual todas as coisas são feitas e que está em tudo e por meio de tudo, buscando uma expressão mais completa e uma vida mais plena. Essa substância inteligente, em um estado perfeitamente fluido, permeia e penetra todas as coisas e está em contato com todas as mentes. É a fonte de toda energia e poder e constitui o "influxo" de vida que Swedenborg viu, vitalizando todas as coisas. É trabalhar para um fim definido e para o cumprimento de um propósito e isso é o avanço da vida em direção à expressão completa da mente. Quando o indivíduo se harmoniza com essa inteligência, a saúde lhe será dada. Juntamente com a sabedoria. Quando esse ser se mantém firme no propósito de viver com mais abundância, ele entra em harmonia com essa inteligência suprema.

O propósito da inteligência suprema é a vida mais abundante para todos. O intuito dessa inteligência para você é também essa vida abundante. Isso o deixará unificado com o Supremo, você estará trabalhando com Ele, que funcionará em você. Mas como a inteligência suprema está em tudo, *se você se harmonizar com ela, deve harmonizar-se com todos, e desejar uma vida mais abundante para todos, do mesmo modo que a quer para si mesmo*. Dois grandes benefícios vêm para você por estar em harmonia com a inteligência suprema.

Primeiro, você receberá sabedoria. Não no que concerne ao conhecimento dos fatos mas à capacidade de perceber e compreendê-los, e de julgar e agir correto em todos os assuntos relacionados à vida. Sabedoria é o poder de perceber a verdade e a habilidade de fazer o melhor uso do seu conhecimento. É o poder de perceber imediatamente o melhor fim a ser almejado e os meios mais bem adaptados para atingi-lo. Com a sabedoria, vem o equilíbrio e o poder de pensar corretamente, o que lhe permitirá controlar e guiar seus pensamentos e evitar as dificuldades que vêm de pensamentos errados. Com sabedoria, você será capaz de selecionar os caminhos certos para suas necessidades específicas e, dessa forma, governar-se de todas as maneiras, garantindo os melhores resultados. Você saberá fazer o que quiser. Poderá ver prontamente que a sabedoria deve ser um atributo essencial da inteligência suprema, uma vez que aquele que conhece toda a verdade deve ser sábio. E você também pode ver que, na proporção em que harmonizar e unificar sua mente com essa inteligência, terá sabedoria.

Mas, repito: uma vez que essa Inteligência é tudo e está em tudo, você pode entrar em Sua sabedoria apenas harmonizando-se com todos. Se houver algo em seus desejos ou em seu propósito que trará opressão ou fará injustiça a alguém, ou, ainda, causará falta de vida

A CIÊNCIA DO BEM-ESTAR

a alguma pessoa, você não poderá receber sabedoria do Supremo. Além disso, seu propósito para si mesmo deve ser o melhor.

O indivíduo pode viver de três maneiras gerais: para a satisfação de seu corpo, de seu intelecto ou de sua alma. A primeira é realizada satisfazendo os desejos de comida, bebida e outras coisas que proporcionam sensações físicas agradáveis. Já a segunda maneira se dá quando se busca aquilo que causa sensações mentais agradáveis, como satisfazer o desejo de conhecimento ou de roupas finas, fama, poder, e assim por diante. O terceiro modo concretiza-se quando se dá lugar aos instintos de amor altruísta. O indivíduo vive de maneira mais sábia e completa quando funciona perfeitamente ao longo de todas essas linhas, sem excesso em nenhuma delas. O ser que vive de maneira imprópria, voltado apenas para o corpo, é insensato, e está em desarmonia com Deus. Aquele homem que vive apenas para os frios prazeres do intelecto, embora seja moral, é também insensato, e está em desarmonia com Deus. E o homem que vive inteiramente para a prática do altruísmo, e que se joga fora pelos outros, é tão insensato e está tão longe da harmonia com Deus quanto aqueles que se excedem de outras maneiras.

Para entrar em plena harmonia com o Supremo, você deve ter o propósito de VIVER e aproveitar o máximo de suas capacidades em corpo, mente e alma. Isso deve significar o pleno exercício da função nas diferentes formas, mas sem excessos, pois o excesso em um causa deficiência nos outros. Por trás do seu desejo por saúde está seu próprio desejo por uma vida mais abundante, e nisso está o desejo da inteligência de viver mais plenamente em você. Então, conforme você avança em direção à saúde perfeita, mantenha o firme propósito de alcançar a vida completa, física, mental e espiritual. Avance em todos os sentidos e de todas as maneiras para viver mais.

Se você mantiver esse propósito, receberá sabedoria. "Aquele que quiser fazer a vontade do Pai, SABERÁ", disse Jesus. A sabedoria é o dom mais desejável que pode ser concedido ao indivíduo, pois o torna corretamente autogovernado.

Mas sabedoria não é tudo o que se pode receber da inteligência suprema – você também pode receber energia física, vigor e força vital. A energia da substância sem forma é ilimitada e permeia tudo, você já está recebendo ou se apropriando dessa energia de uma maneira automática e instintiva, mas pode fazer isso em um grau muito maior se começar a fazê-lo de maneira inteligente. A medida da força de um ser não é o que Deus está disposto a dar a ele, mas do que ele mesmo tem vontade e inteligência para se apropriar. Deus lhe dá tudo o que existe. Sua única pergunta é quanto tirar do suprimento ilimitado.

O professor James apontou que não deve haver limite para os poderes dos indivíduos, e isso ocorre simplesmente porque o nosso poder vem do reservatório inesgotável do Supremo. O corredor que atingiu o estágio de exaustão, quando sua força física parece inteiramente perdida, ao correr de uma certa maneira, pode receber seu "segundo fôlego". Sua força parece ser renovada de uma forma milagrosa, e ele pode continuar indefinidamente. E continuando da maneira certa, pode receber um terceiro, quarto e quinto "fôlegos". Não sabemos onde está o limite, ou até onde é possível estendê-lo. As condições são que o corredor deve ter fé absoluta de que a força virá, que deve pensar firmemente nela e ter perfeita confiança de que a possui e de que deve continuar a correr. Se ele admite uma dúvida em sua mente, cai exausto, e se ele para de correr para esperar o aumento da força, ela nunca virá. Sua fé na força, sua fé de que *pode* continuar correndo, seu propósito inabalável *para* continuar correndo, e sua ação *em* continuar correndo parece conectá-lo à fonte de energia de modo a trazer-lhe um novo suprimento dela.

De maneira muito semelhante, o doente que tem fé inquestionável na saúde, cujo propósito o põe em harmonia com a fonte, e que desempenha as funções voluntárias da vida de uma certa maneira, receberá energia vital suficiente para todas as suas necessidades, e para a cura de todas as suas doenças. Deus, que vive e se expressa plenamente no indivíduo, tem o prazer de dar ao homem tudo o que se faz necessário para uma vida mais abundante. Ação e reação são iguais, e quando você deseja viver mais, se está em harmonia mental com o Supremo, as forças que fazem a vida irão se concentrar em você e sobre você. A vida única começa a se mover em sua direção e seu ambiente fica sobrecarregado com ela. Então, se você se apropriar dela pela fé, é sua. "Pedireis o que quiserdes, e vos será dado." Seu Pai não lhe dá benesses limitadas. Ele tem prazer em dar bons presentes para você.

Resumo das ações mentais

Agora deixe-me resumir as ações mentais e atitudes necessárias à prática da ciência do bem-estar: primeiro, você acredita que existe uma substância pensante, da qual todas as coisas são feitas, e que, em seu estado original, permeia, fixa, e preenche os interespaços do universo. Essa substância é a vida de todos e busca expressar mais vida em todos. É o princípio de vida do universo e o princípio de saúde do homem.

O indivíduo é uma forma dessa substância e dela extrai sua vitalidade. É um corpo-mente de substância original, permeando um corpo físico, e os pensamentos de seu corpo-mente controlam o funcionamento desse corpo físico. Se o ser tem apenas pensamentos de perfeita saúde, as funções de seu corpo físico serão desempenhadas de acordo com a perfeita saúde.

A CIÊNCIA DO BEM-ESTAR

Se você de forma consciente deseja se relacionar com a saúde total, seu propósito deve ser viver plenamente em todos os planos de seu ser. Você deve desejar tudo o que existe na vida para o corpo, a mente e a alma, e isso o colocará em harmonia com toda a vida que existe. A pessoa que está em harmonia consciente e inteligente com tudo receberá um fluxo contínuo de energia vital da vida suprema, e esse efeito é bloqueado por atitudes mentais raivosas, egoístas ou antagônicas. Se você for contra alguém, se cortar relações com todos, receberá vida, mas apenas instintiva e automática e não de forma inteligente e proposital. Se for mentalmente antagônico a alguma parte da vida, verá que não poderá estar em completa harmonia com o todo; portanto, como Jesus orientou, reconcilie-se com tudo e com todos antes de oferecer adoração.

DESEJE PARA TODOS TUDO O QUE DESEJA PARA SI MESMO.

Recomenda-se ao leitor que leia o que dissemos em um trabalho anterior[2] sobre a mente competitiva e a mente criativa. É improvável que aquele que perdeu a saúde possa recuperá-la por completo enquanto permanecer na mente competitiva.

Estando em mente no plano criativo ou da boa vontade, o próximo passo é formar uma concepção de si mesmo como em perfeita saúde e não ter pensamentos que não estejam em plena harmonia com essa concepção. Tenha fé de que se você pensar apenas em saúde, estabelecerá em seu corpo físico o funcionamento dela, e use sua

---

[2] *A ciência de ficar rico.* (N.T.)

vontade para determinar que terá apenas pensamentos sobre saúde. Nunca pense que você está doente ou com probabilidade de estar doente, nunca pense em doença em conexão com você mesmo. E, tanto quanto possível, exclua de sua mente todos os pensamentos de doença em conexão com outras pessoas. Cerque-se tanto quanto possível das coisas que sugerem ideias de força e saúde.

Tenha fé na saúde e aceite-a como um fato e um presente real em sua vida. Em todos os momentos, reivindique a saúde como uma bênção concedida a você pela vida suprema e seja profundamente grato a isso. Reivindique a bênção pela fé. Saiba que a saúde é sua e nunca admita um pensamento contrário em sua mente.

Use sua força de vontade para afastar sua atenção de toda aparência de doença em você e nos outros. Não estude a doença, não pense sobre ela nem fale sobre ela. Em todos os momentos, quando o pensamento da doença for lançado sobre você, avance para a posição mental de gratidão devota por sua saúde perfeita.

As ações mentais necessárias para estar bem podem agora ser resumidas em uma única frase:

> FORME EM SUA MENTE UMA CONCEPÇÃO DE SAÚDE PERFEITA, E MANTENHA APENAS OS PENSAMENTOS QUE ESTÃO EM HARMONIA COM ESSA CONCEPÇÃO.

Com fé e gratidão, e com o propósito de realmente viver, isso cobrirá todos os requisitos. Não é necessário realizar exercícios mentais de qualquer tipo, exceto os descritos no capítulo *O uso da vontade*, nem fazer "acrobacias" cansativas na forma de afirmações, e assim por diante. Não é necessário concentrar a mente nas partes afetadas, pois é melhor não pensar nisso. Não é necessário "se tratar" por autossugestão, ou que outros o tratem de alguma maneira. O poder que cura é o princípio da saúde dentro de você, e para transformar esse princípio em ação construtiva é necessário, apenas, harmonizar-se com toda a mente, reivindicar pela fé toda a saúde e manter essa afirmação até que se manifeste fisicamente em todas as funções do seu corpo.

No entanto, a fim de manter essa atitude mental de fé, gratidão e saúde, seus atos externos devem ser apenas aqueles sobre saúde. Você não pode manter por muito tempo a atitude interna de uma pessoa sã se continuar a realizar os atos externos de uma pessoa doente. É essencial não apenas que todos os seus pensamentos tornem-se um único pensamento sobre saúde, e que todos os seus atos possam transformar-se em um único ato de saúde, realizado de maneira saudável. Se você fizer de todo pensamento um pensamento sobre saúde, e de todo ato consciente um ato de saúde, irá infalivelmente concluir que toda função interna e inconsciente deve tornar-se saudável, pois toda a força da vida está sendo sempre exercida em prol da saúde. A seguir, vamos considerar como você pode tornar cada ato um ato de saúde.

Quando comer

    Você não pode construir e manter um corpo perfeitamente saudável apenas pela ação mental, ou apenas pelo desempenho das funções inconscientes ou involuntárias. Existem certas ações, mais ou menos voluntárias, que têm uma relação direta e imediata com a própria continuidade da vida. Elas são: comer, beber, respirar e dormir. Não importa qual seja o pensamento ou a atitude mental do indivíduo, ele não pode viver a menos que coma, beba, respire e durma. E, além disso, ele não pode estar bem se comer, beber, respirar e dormir de maneira inadequada. Portanto, é de vital importância que você aprenda a maneira certa de desempenhar essas funções voluntárias. Assim, apresentarei a você esse modo correto, começando com a questão do comer, que é a mais importante.

    Tem havido muita controvérsia sobre quando comer, o que comer, como comer e quanto comer, e toda ela é desnecessária, pois o caminho certo é muito fácil de ser encontrado. Você só precisa considerar a lei que governa todas as conquistas – saúde, riqueza, poder ou felicidade –, e essa lei é *que você deve fazer o que pode fazer agora, onde você está agora. Realizar cada ato separado da maneira mais perfeita possível e colocar o poder da fé em cada ação.*

Os processos de digestão e assimilação estão sob a supervisão e o controle de uma divisão interna da mentalidade do indivíduo, que em geral é chamada "mente subconsciente", e usarei esse termo aqui para ser compreendido. A mente subconsciente é responsável por todas as funções e processos da vida. É ela que indica a quantidade de comida necessária ao corpo e torna esse fato conhecido promovendo, na pessoa, uma sensação chamada fome. Sempre que o alimento é necessário e pode ser usado, há fome, e quando houver fome, é hora de comer. Quando não há fome, não é natural nem correto comer, não importa quão grande possa PARECER a necessidade por comida. Se não houver fome, mesmo que você esteja em uma condição de aparente inanição, com grande emagrecimento, você deve saber que NÃO SE PODEM USAR ALIMENTOS, e que não será natural nem correto comer. Embora você não coma há dias, semanas ou meses, se não sentir fome, pode ter certeza absoluta de que os alimentos não podem ser consumidos e provavelmente não serão utilizados se forem ingeridos. Sempre que o alimento for necessário, se houver poder para digeri-lo e assimilá-lo, de modo que possa ser usado normalmente, a mente subconsciente anunciará o fato por uma fome forte. Quando não há fome, alimentos consumidos são às vezes digeridos e assimilados porque a natureza faz um esforço especial para realizar a tarefa que lhe é confiada contra sua vontade. Mas, se tornar habitual o consumo de alimento quando não há fome, o poder digestivo será danificado e causará inúmeros males.

Se o que foi dito acima for verdade – e é fato –, podemos afirmar que uma proposição evidente por si mesma é que a hora natural, e a hora saudável, para comer é quando se está com fome, e que comer quando não se está com fome nunca é uma ação natural nem saudável. Você vê, então, que é uma questão fácil resolver cientificamente a questão do quando comer. Coma SEMPRE que estiver com fome, e NUNCA quando não estiver. Isso é obediência à natureza, que é obediência a Deus.

Não devemos falhar em ter clara a distinção entre fome e apetite. A fome é o chamado da mente subconsciente para que mais material seja usado na reparação e na renovação do corpo e na manutenção do calor interno, e ela nunca é sentida a menos que haja necessidade de mais alimento, e a menos que haja poder para digeri-lo quando levado ao estômago. O apetite é um desejo de gratificação, da sensação. O bêbado sente vontade de consumir bebida, mas não pode ter fome dela. Uma pessoa bem alimentada não pode ter fome de doces ou guloseimas – o desejo por essas coisas é um apetite. Você não pode ter fome de chá, café, alimentos condimentados ou das várias tentações do paladar do habilidoso cozinheiro, e se você as deseja é com apetite não com fome. A fome é o apelo da natureza para que o alimento seja usado na construção de novas células, e a natureza nunca exige nada que não possa ser legitimamente usado para esse fim.

O apetite costuma ser em grande parte uma questão de hábito. Se a pessoa come ou bebe em determinada hora, e em especial se ingere alimentos açucarados ou condimentados e estimulantes, o desejo vem regularmente na mesma hora, mas esse desejo habitual por comida nunca deve ser confundido com fome. A fome não aparece em horários específicos. Só acontece quando o trabalho ou o exercício destruiu tecido suficiente para tornar necessária a ingestão de nova matéria-prima.

Por exemplo, se uma pessoa foi suficientemente alimentada no dia anterior, é impossível que ela sinta uma fome genuína ao

A CIÊNCIA DO BEM-ESTAR

despertar de um sono reparador. No sono, o corpo é recarregado com energia vital, e a assimilação do alimento ingerido durante o dia é completada. O organismo não precisa de alimento imediatamente após o sono, a menos que a pessoa descanse em estado de inanição. Com um sistema de alimentação, que é até uma abordagem razoável em comparação com um sistema natural, ninguém pode ter fome de um café da manhã muito cedo. Não existe uma fome normal ou genuína logo após o início de um sono profundo. O desjejum matinal é sempre tomado para saciar o apetite, nunca para matar a fome. Não importa quem você é, ou qual é a sua condição, não importa o quanto você trabalhe ou o quanto esteja exposto, a menos que vá para a cama com fome, não pode acordar com fome.

A fome não é causada pelo sono, mas pelo trabalho. E não importa quem você seja, qual seja sua condição, ou quanto difícil ou fácil seja seu trabalho, o chamado plano sem café da manhã é o plano certo para você. É o plano certo para todos, porque se baseia na lei universal de que a fome nunca chega até ser ADQUIRIDA.

Estou ciente do grande número de pessoas que "apreciam" seus cafés da manhã e irão protestar contra isso, e que essa seria a sua "melhor refeição". Essas pessoas acreditam que seu trabalho é tão árduo que não lhes permite "passar a manhã com o estômago vazio", e assim por diante. Mas todos esses argumentos caem diante dos fatos. Tais indivíduos desfrutam desse desjejum como um alcoólatra desfruta de sua bebida matinal, porque gratifica um apetite habitual e não porque supre uma necessidade natural. É a melhor refeição deles pela mesma razão que a bebida matinal é a melhor bebida do alcoólatra. E eles PODEM viver bem sem isso, porque milhões de pessoas, de todos os ramos e profissões, assim se sentem, e são muito melhores dessa forma. Se você deseja viver de acordo com a ciência do bem-estar, NUNCA DEVE COMER ATÉ QUE TENHA UMA FOME ADQUIRIDA.

Mas se eu não comer ao me levantar pela manhã, quando devo fazer minha primeira refeição?

Em noventa e nove por cento dos casos, o meio-dia é cedo o suficiente, e geralmente é o momento mais conveniente. Se você estiver fazendo um trabalho pesado, ao meio-dia terá fome suficiente para justificar uma refeição de bom tamanho, e se seu trabalho for leve, é provável que você ainda terá fome para uma refeição moderada. A melhor regra ou lei geral que pode ser estabelecida é que se você estiver com fome, faça sua primeira refeição do dia ao meio-dia, e se não estiver, espere até sentir fome.

E quando devo ter minha segunda refeição?

De forma alguma, a menos que você esteja faminto ou com uma fome genuína adquirida. Se ficar com fome para uma segunda refeição, coma no horário mais conveniente, mas não coma até ter uma fome adquirida. O leitor que desejar se informar sobre as razões dessa maneira de organizar as refeições encontrará os melhores livros citados no prefácio desta obra. No entanto, a partir do exposto, é fácil verificar que a ciência do bem-estar responde à pergunta prontamente: quando e com que frequência devo comer? A resposta é: coma quando tiver fome adquirida e nunca coma em algum outro momento.

O QUE COMER

As ciências atuais da medicina e da higiene não fizeram nenhum progresso para responder à pergunta: o que devo comer? As disputas entre os vegetarianos e os "comedores de carne", os defensores dos alimentos cozidos, dos alimentos crus e de várias outras "escolas" de teóricos parecem inumeráveis, e, dadas montanhas de evidências e argumentos empilhados a favor e contra cada teoria especial, fica claro que, se dependermos desses cientistas, nunca saberemos qual é o alimento natural de cada um de nós. Então, afastando-nos de toda a controvérsia, faremos a pergunta da própria natureza e descobriremos que ela não nos deixou sem uma resposta.

A maioria dos erros das ciências dietéticas nasce de uma premissa falsa quanto ao estado natural do indivíduo. Presume-se que a civilização e o desenvolvimento mental são coisas não naturais. Que o ser que vive em uma casa moderna, na cidade ou no campo, e que trabalha no comércio ou na indústria, leva uma vida não natural e está em um ambiente não natural, que o único indivíduo "natural" é um selvagem nu e que quanto mais nos afastamos do selvagem, mais longe ficamos da natureza. Isso está errado. O ser que tem tudo o que a arte e a ciência podem dar leva uma vida mais natural porque vive da maneira mais completa em todas as suas habilidades. O morador de um apartamento urbano bem equipado, com conveniências modernas e boa ventilação, está levando uma vida muito mais naturalmente humana do que algum selvagem que vive em uma árvore oca ou em um buraco no chão.

A grande inteligência, que está em tudo e por meio de tudo, na realidade praticamente resolveu a questão de o que nós devemos comer. Ao ordenar os assuntos da natureza, essa inteligência decidiu que a alimentação do indivíduo deve estar de acordo com a região em que ele vive. Nas áreas geladas do extremo Norte, os alimentos combustíveis são necessários. O desenvolvimento do cérebro não é grande, nem a vida severa em sua carga de trabalho sobre os músculos, e assim os esquimós vivem, em grande parte, da gordura de animais aquáticos. Para eles, nenhuma outra dieta é possível, pois não podem obter frutas, nozes ou vegetais, mesmo que estivessem dispostos a comê-los, e não poderiam conservá-los naquele clima, se pudessem obtê-los. Por isso, apesar dos argumentos dos vegetarianos, os esquimós continuarão a viver de gorduras animais.

Por outro lado, à medida que avançamos em direção aos trópicos, descobrimos que os alimentos combustíveis são menos necessários, e que as pessoas de maneira natural inclinam-se para uma dieta vegetariana. Milhões de pessoas vivem de arroz e frutas, e o regime alimentar de uma aldeia esquimó, se seguido ao longo do equador, resultaria em mortes. Uma dieta "natural" para as regiões equatoriais estaria muito longe de ser uma dieta natural

A CIÊNCIA DO BEM-ESTAR

perto do Polo Norte, e as pessoas de ambas as zonas, se não houver interferências da parte de "cientistas" médicos ou dietéticos, serão guiadas pela inteligência, que busca a vida mais plena para todos, alimentando-se da melhor maneira para a promoção de uma saúde perfeita. Em geral, você pode ver que Deus, trabalhando na natureza e na evolução da sociedade e dos costumes humanos, respondeu à pergunta sobre o que você deve comer, e eu o aconselho a aceitar Sua resposta de preferência à de qualquer pessoa.

Na zona temperada, as maiores exigências são feitas ao indivíduo em espírito, mente e corpo, e aqui encontramos a maior variedade de alimentos fornecidos pela natureza. E é realmente inútil e supérfluo teorizar sobre a questão do que as massas comerão, pois não têm escolha. Elas devem comer os alimentos que são produtos básicos da zona em que vivem. É impossível fornecer a todas as pessoas uma dieta de nozes e frutas ou alimentos crus, e o fato de ser impossível é prova positiva de que esses não são os alimentos destinados pela natureza, pois ela, sendo formada para o avanço da vida, não tornou impossível a obtenção dos meios de vida. Então, se eu perguntar "O que devo comer?", verei que isso já foi respondido. Coma trigo, milho, centeio, aveia, cevada, trigo sarraceno. Coma vegetais, carnes, frutas e alimentos que são consumidos pelas massas ao redor do mundo, pois, nessa questão, a voz do povo é a voz de Deus. Geralmente, as pessoas são conduzidas à seleção de certos alimentos, e são levadas, quase sempre, a preparar esses alimentos de maneiras semelhantes. E você pode estar certo de que, em geral, elas têm os alimentos certos e os estão preparando da maneira correta. Nesses assuntos, a corrida está sob a orientação de Deus. A lista de alimentos de uso comum é longa, e você deve selecioná-los de acordo com seu gosto individual; se o fizer, descobrirá que tem um guia infalível, conforme mostrarei nos dois próximos capítulos.

Se você não comer até que tenha ADQUIRIDO a fome, não descobrirá que seu paladar exigirá alimentos não naturais ou que não seja saudáveis. O lenhador, que brandia seu machado continuamente das sete da manhã ao meio-dia, não chega clamando por bolinhos de nata ou doces. Ele quer carne de porco e feijão, bife e batatas, ou pão de milho e repolho. Ele pede pelos sólidos, com mais proteína. Ofereça-se para quebrar algumas nozes e dar-lhe um prato de alface, e será recebido com grande desdém. Esse tipo de comida não é um alimento natural para um trabalhador. E se não são alimentos naturais para um trabalhador, não o são para nenhum outro indivíduo, pois a fome no trabalho é a única fome real e que requer os mesmos materiais para satisfazê-la, seja para o lenhador, seja para o banqueiro, seja para um indivíduo adulto, seja para uma criança.

É um erro supor que o alimento deva ser escolhido com zelo cuidadoso para se adequar à vocação de quem o come. Não é verdade que o lenhador requer alimentos "pesados" ou "sólidos" e o contador, alimentos "leves". Se você faz algum outro trabalho mais estratégico e não come até ter uma fome ADQUIRIDA, você vai querer os mesmos alimentos que o lenhador deseja. Seu corpo é feito exatamente dos mesmos elementos que o corpo do lenhador e requer os mesmos materiais para a construção de células. Então, por que alimentar o lenhador com presunto, ovos e pão de milho e dar a você apenas biscoitos e torradas? É verdade que a maior parte do corpo do lenhador é composta de músculos, enquanto a maior parte do seu é feita, provavelmente, de cérebro e tecido nervoso, mas também é verdade que a dieta do lenhador contém todos os requisitos para a construção do cérebro e dos nervos em proporções muito melhores do que a encontrada na maioria dos

A CIÊNCIA DO BEM-ESTAR

alimentos "leves". O melhor trabalho cerebral do mundo foi realizado com o dinheiro dos trabalhadores. Os maiores pensadores do mundo invariavelmente viveram dos alimentos sólidos simples, comuns entre as massas.

Deixe o contador esperar até que tenha uma fome adquirida antes de comer, e então, se ele quiser presunto, ovos e pão de milho, deixe-o comê-los, mas lembre-se de que não precisa de um vigésimo da quantia necessária para o lenhador. Não é comer alimentos "saudáveis" que causa indigestão ao trabalhador mais estratégico, é comer tanto quanto seria necessário para um trabalhador mais braçal. A indigestão nunca é causada por comer para saciar a fome, e, sim, por comer para satisfazer o apetite. Se você comer da maneira prescrita no próximo capítulo, seu gosto logo se tornará tão natural que você nunca irá QUERER algo que não possa comer impunemente, e pode desligar para sempre, da sua mente, toda a questão ansiosa do que comer e apenas comer o que quiser. Na verdade, essa é a única maneira de viver caso você tenha pensamentos voltados à saúde, pois não pode pensar em saúde enquanto estiver em contínua dúvida e incerteza quanto a se está recebendo as "partes certas".

"Não vos preocupeis com o que haveis de comer", disse Jesus, sabiamente. Os alimentos encontrados na mesa de qualquer família comum de classe média ou baixa nutrirão seu corpo perfeitamente se você comer na hora certa e da maneira apropriada. Se você quer carne, coma, se você não quiser, não coma, e não suponha que você deva encontrar algum substituto especial para ela. Você pode viver muito bem com o que sobrou em qualquer mesa depois que a carne foi retirada.

Não é necessário preocupar-se com uma alimentação "variada" para obter todos os nutrientes necessários. Os chineses e os hindus constroem corpos muito bons e cérebros excelentes com uma dieta de poucas variações, sendo o arroz a base de quase tudo. Os escoceses são física e mentalmente fortes comendo seus bolos de aveia, e o irlandês tem um corpo forte e uma mente brilhante consumindo suas batatas e carne de porco. A baga do trigo contém praticamente tudo o que é necessário para a construção do cérebro e do corpo, e um indivíduo pode viver muito bem com uma mono-dieta de feijão-marinho.

Crie para si mesmo uma concepção de saúde perfeita, e não tenha nenhum pensamento que não seja o de saúde.

NUNCA coma até ter uma FOME ADQUIRIDA. Lembre-se de que não fará mal nenhum ficar com fome por um curto período, mas com certeza vai fazer mal comer quando não se está com fome.

Não pense no que você deve ou não comer, apenas coma o que estiver à sua frente, selecionando o que mais lhe agrada. Em outras palavras, coma o que quiser. Você pode fazer isso com resultados perfeitos se comer da maneira certa, e como fazer isso será explicado no próximo capítulo.

Como comer

É um fato estabelecido que o homem mastiga com naturalidade sua comida. Os poucos que seguem a moda e afirmam que devemos devorar nossa alimentação, à maneira do cão e de outros animais não humanos, não conseguem mais ser ouvidos. Sabemos hoje que devemos mastigar nossa comida. E se é natural que devamos mastigar nossos alimentos, quanto mais o fazemos, mais natural deve ser o processo. Se você mastigar cada garfada transformando-a em um líquido, não precisará se preocupar nem um pouco com o que comer, pois pode obter nutrição suficiente de qualquer alimento comum.

Se essa mastigação será ou não uma tarefa cansativa e trabalhosa ou um processo mais agradável, depende da atitude mental com a qual você vai à mesa.

Se sua mente e sua atitude estiverem voltadas para outras coisas, ou se você estiver ansioso ou preocupado com os negócios ou assuntos domésticos, descobrirá que é quase impossível comer sem engolir mais ou menos comida. Você deve aprender a viver de modo exato que não tenha preocupações com negócios ou tarefas domésticas. Você pode conseguir isso e aprender a dar atenção total ao ato de comer enquanto está à mesa.

Quando comer, faça-o com o único propósito de obter todo o prazer que puder dessa refeição. Descarte todo o resto de sua mente e não deixe que nada desvie sua atenção da comida e de seu sabor até que a refeição termine. Seja alegre e confiante, pois, seguindo essas instruções, poderá SABER que o alimento que você ingere é de fato o correto e que ele "combinará" perfeitamente com você.

Sente-se à mesa com uma alegria confiante e coma uma porção moderada de comida. Sirva-se de tudo o que parecer mais desejável para você. Não se sirva de um alimento só porque acha que será bom para você; selecione o que acredita ser bom. Para ficar bem e sentir-se bem, você deve abandonar a ideia de fazer as coisas porque são boas para a sua saúde e fazê-las porque você as deseja fazer. Sirva-se da comida que você mais deseja. Com gratidão, agradeça a Deus por ter aprendido a comê-la de maneira que a digestão seja perfeita e coma uma porção moderada.

Não fixe sua atenção no ato de mastigar, fixe-se no SABOR da comida, saboreie e aprecie até que seja reduzida ao estado líquido, que descerá pela garganta por deglutição involuntária. Não pense no tempo, não importa quanto tempo leve. Pense no sabor. Não permita que seus olhos vaguem sobre a mesa, especulando sobre o que você deve comer a seguir. Não se preocupe, com medo de que não haja o suficiente e de que você não receberá sua parte de tudo que está ali. Não antecipe o sabor da próxima refeição. Mantenha sua mente centrada no sabor que você tem na boca. E isso é tudo.

A CIÊNCIA DO BEM-ESTAR

Uma alimentação científica e saudável é um processo delicioso depois de você ter aprendido como fazê-lo e ter superado o velho hábito de engolir a comida sem mastigar. Enquanto está comendo, é melhor não conversar demais. Seja alegre, mas não falador. Fale depois da refeição.

Na maioria dos casos, é necessário algum uso da vontade para formar o hábito de comer da maneira correta. O hábito de fugir não é natural e, sem dúvida, resulta principalmente do medo. Medo de que nossa comida seja roubada, medo de não obter nossa parte das coisas boas, medo de perder um tempo precioso – essas são as causas da pressa. Então, há uma antecipação das guloseimas que virão para a sobremesa e o consequente desejo de alcançá-las o mais rápido possível, e há abstração mental, ou pensar em outros assuntos enquanto se come. Tudo isso deve ser superado.

Quando você descobrir que sua mente está divagando, pare, pense por um momento na comida: em como é saborosa, na digestão e na assimilação perfeitas que vão seguir a refeição, e recomece. Comece de novo e de novo, ainda que tenha que fazê-lo umas vinte vezes no decorrer de uma única refeição, de novo e de novo, ainda que tenha que fazer isso em todas as refeições durante semanas ou meses. É certo que você PODE formar o "hábito de Fletcher" se perseverar, e quando o tiver formado, experimentará um prazer saudável que nunca conheceu.

Esse é um ponto vital e não devo deixá-lo até que o tenha fixado por completo em sua mente. Considerando os alimentos certos, bem preparados, o princípio da saúde será construído positivamente, e você terá um corpo saudável. E você não pode preparar *perfeitamente* os materiais de outra forma diferente dessa que estou descrevendo. Se deseja ter a saúde perfeita, DEVERÁ se alimentar dessa maneira. Você pode, e fazer isso é apenas uma questão

WALLACE D. WATTLES

de um pouco de perseverança. A menos que você se doutrine em um assunto tão simples, como parar de engolir sua comida sem mastigar, de que adianta você falar de controle mental? De que adianta falar de concentração, a menos que você consiga manter sua mente no ato de comer por um espaço tão curto quanto quinze ou vinte minutos, em especial com todos os prazeres do paladar para ajudá-lo? Vá em frente e chegue lá. Conforme o caso, em algumas semanas ou meses, você descobrirá que o hábito de comer de forma científica consolidou-se, e logo você estará em uma condição tão esplêndida, mental e fisicamente, que nada o induzirá a voltar ao hábito ruim que costumava ter.

Vimos que se o indivíduo tiver apenas pensamentos de saúde perfeita, suas funções internas serão desempenhadas de uma maneira saudável, e que, para ter pensamentos de saúde, as pessoas devem desempenhar as funções voluntárias de maneira saudável. Comer é a mais importante das funções voluntárias, e não vemos, até agora, nenhuma dificuldade especial em se alimentar de forma perfeitamente saudável. Vou resumir aqui as instruções sobre quando comer, o que comer e como comer, e suas razões para isso:

NUNCA coma até ter ADQUIRIDO fome, não importa quanto tempo você fique sem comer. Baseia-se no fato de que sempre que o organismo necessita de alimento, se houver poder para digeri--lo, o subconsciente anuncia a necessidade pela sensação da fome. Aprenda a distinguir entre a fome genuína e as sensações de desejo e corrosão causadas pelo apetite anormal. A fome nunca é uma sensação desagradável, acompanhada de fraqueza, desmaio ou dor no estômago. É um agradável antecipatório desejo por comida e é sentido principalmente pela boca e na garganta. Não acontece em certas horas ou em intervalos determinados, só vem quando a mente subconsciente está pronta para receber, digerir e assimilar alimentos.

A CIÊNCIA DO BEM-ESTAR

Alimente-se com o que quiser, escolhendo em geral entre os alimentos usados na região em que você mora. A inteligência suprema guiou o indivíduo na seleção desses alimentos, e eles são o ideal para todos. É claro que estou me referindo aos alimentos que são ingeridos para saciar a fome, não aos que foram planejados para satisfazer o apetite ou o gosto distorcido. O instinto que guiou as massas humanas a fazer uso dos grandes alimentos básicos para saciar sua fome é divino. Deus não se enganou. Se você se alimentar assim, não vai errar.

Alimente-se de forma alegre e confiante, e obtenha todo o prazer que se pode ter com o sabor de cada garfada. Mastigue cada pedaço até virar um líquido, mantendo sua atenção fixada no prazer do processo. Essa é a maneira de comer perfeitamente completa e bem-sucedida, e quando se faz assim, o resultado geral não pode ser diferente. A lei da obtenção da saúde e da obtenção das riquezas é a mesma. Se você faz de cada ato um sucesso em si mesmo, a soma de todos eles deverá ser um sucesso. Quando você come na atitude mental e da maneira que descrevi, nada pode ser adicionado ao processo; esse é feito de maneira perfeita e com sucesso. E se a alimentação for bem-sucedida, a digestão, a assimilação e a construção de um corpo saudável serão iniciadas com sucesso. A seguir, abordaremos a questão da quantidade de alimento necessária.

Fome e apetites

É muito fácil encontrar a resposta correta para a pergunta: quanto devo comer? Você nunca deve comer até que tenha uma fome adquirida e deve parar de comer no instante em que COMEÇAR a sentir que sua fome está diminuindo. Nunca se empanturre! Nunca coma até a plenitude. Quando você *começar* a sentir que sua fome está se saciando, saiba que comeu o suficiente, pois até obter essa saciedade, continuará a experimentar essa sensação. Se você comer conforme as instruções do capítulo anterior, é provável que se sinta satisfeito antes de ingerir metade de sua quantidade normal. Mesmo assim, pare aí. Não importa quanto atraente seja a sobremesa, ou o quanto seja tentadora a torta ou o pudim, não coma um bocado se você descobrir que sua fome foi no mínimo atenuada pelos outros alimentos que ingeriu.

Tudo o que você come depois que sua fome começa a diminuir é levado para satisfazer o paladar e o apetite, não a fome; isso não é exigido pela natureza. Portanto, é excesso: mera libertinagem, e não pode deixar de operar o lado ruim das coisas.

Esse é um ponto que você precisa observar com bom discernimento, pois o hábito de comer puramente para a gratificação lasciva está profundamente enraizado na maioria de nós. A "sobremesa" usual de alimentos doces e tentadores é preparada apenas com o objetivo de induzir as pessoas a comer depois da fome saciada, e seus efeitos são ruins. Não é que a torta e o bolo sejam alimentos prejudiciais – em geral, são perfeitamente saudáveis se comidos para saciar a fome e NÃO para satisfazer o apetite. Se quer comer uma torta, bolo, pastéis ou pudim, é melhor começar a refeição com eles, finalizando com os alimentos mais simples e menos saborosos. Entretanto, você descobrirá que, se comer conforme as instruções dos capítulos anteriores, a comida mais simples logo terá o sabor da comida real para você, pois o seu paladar, como todos os seus outros sentidos, ficará muito aguçado com a melhora geral de sua condição, que encontrará novos prazeres nas coisas comuns. Nenhum faminto jamais desfrutou de uma refeição como o indivíduo que só come por ter fome, que tira o máximo proveito de cada garfada e que para no instante em que sente o limite da fome. A primeira sugestão de que a fome está diminuindo é o sinal da mente subconsciente de que é hora de parar.

A pessoa comum que adota esse plano de vida ficará muito surpresa ao saber o quanto de pouca comida é realmente necessária para manter o corpo em perfeitas condições. O valor depende do trabalho como exercício muscular feito, e na extensão em que a pessoa está exposta ao frio. O lenhador que vai para a floresta no inverno e brande seu machado o dia todo pode ter duas refeições completas, mas o trabalhador intelectual que passa o dia sentado em uma cadeira, em uma sala quente, não precisa de um terço e, muitas vezes, não precisa de um décimo do que o outro precisaria. A maioria dos lenhadores se alimenta duas ou três vezes mais, e a grande maioria dos trabalhadores intelectuais de três a dez vezes mais do que a natureza exige. E a eliminação dessa vasta quantidade de lixo excedente de seus sistemas é um imposto sobre a energia vital que, com o tempo, esgota suas forças e o torna uma presa fácil para as chamadas doenças. Obtenha todo o prazer possível com o sabor de sua comida, mas nunca coma nada apenas porque é saboroso, e no instante em que sentir que sua fome está menos intensa, pare de comer.

Se você considerar por um momento, verá que não há absolutamente nenhuma outra maneira de resolver essas várias questões alimentares do que adotando o plano aqui estabelecido para você. Quanto ao horário adequado para comer, não há outra maneira de decidir a não ser dizer que você deve comer sempre que tiver uma FOME ADQUIRIDA. É uma proposição evidente que essa é a hora certa para comer e que qualquer outra é errada. Quanto ao que comer, a sabedoria eterna decidiu que as massas humanas comerão os produtos básicos das zonas em que vivem. Os alimentos básicos de sua região específica são os alimentos certos para você, e a sabedoria eterna, atuando na mente e por meio da mente das massas humanas, ensinou-lhes a melhor maneira de preparar esses alimentos cozinhando ou os preparando de alguma outra maneira. E quanto a como comer, você sabe que deve mastigar a comida, e se deve ser mastigada, então a razão nos diz que quanto mais completa e perfeita a operação, melhor.

Repito que o sucesso em qualquer coisa é alcançado tornando cada ato separado um sucesso em si mesmo. Se você realizar cada ação, por menor e sem importância que seja, de maneira totalmente bem-sucedida, seu dia de trabalho como um todo não poderá

A CIÊNCIA DO BEM-ESTAR

resultar em fracasso. Se você fizer com que as ações de cada dia tenham sucesso, a soma total de sua vida não pode ser um fracasso. Um sucesso satisfatório é o resultado de fazer um grande número de pequenas coisas, e cada uma de uma forma mais bem sucedida. Se todo pensamento for saudável, e se toda ação de sua vida for realizada dessa maneira, logo você deve obter saúde perfeita. É impossível imaginar uma maneira pela qual você possa realizar o ato de comer com mais sucesso, e de uma maneira mais correta de acordo com as leis da vida, do que mastigar cada garfada, transformando-a em um líquido, saboreando o gosto e mantendo uma alegre confiança durante esse período. Não há nada que possa ser feito para tornar o processo mais bem-sucedido; caso alguma coisa seja subtraída, o processo não será completamente saudável.

No que se refere a quanto comer, você também verá que não poderia haver outro guia tão natural, seguro e confiável quanto aquele que prescrevi: parar de comer no instante que sentir que sua fome começa a diminuir. A mente subconsciente pode receber confiança implícita para nos informar quando o alimento é necessário, e pode-se confiar nela para nos informar quando essa necessidade for atendida. Se TODOS os alimentos forem consumidos para matar a fome e NENHUM apenas para satisfazer o paladar, você nunca comerá demais, e, se comer sempre que tiver uma fome ADQUIRIDA, comerá o suficiente. Fazendo uma leitura cuidadosa do resumo no capítulo seguinte, você verá que os requisitos para uma alimentação perfeitamente saudável são de fato poucos e simples.

A questão de beber de maneira natural pode ser descartada aqui com poucas palavras. Se você deseja ser exato e rigidamente científico, não beba nada além de água. Beba algo apenas quando estiver com sede, sempre que tiver sede e pare assim que sentir que a sua sede começa a diminuir. Mas se você está vivendo a alimentação de forma correta, será necessário praticar o ascetismo ou uma grande abnegação em matéria de bebida. Você pode tomar uma xícara ocasional de café fraco sem causar danos. Pode, até certo ponto, seguir os costumes das pessoas ao seu redor. Não adquira o hábito do refrigerante. Não beba líquidos doces apenas para agradar seu paladar e certifique-se de beber água sempre que sentir sede. Nunca seja preguiçoso, indiferente ou ocupado demais para beber água quando sentir sede. Se obedecer a essa regra, terá menos inclinação a ingerir bebidas estranhas e não naturais. Beba apenas para saciar a sede. Beba sempre que sentir sede, e pare de beber assim que sentir a sede diminuir. Essa é a maneira saudável de fornecer ao corpo o material fluido necessário para seus processos internos.

Resumindo

Existe uma vida cósmica que permeia, fixa e preenche os interespaços do universo, estando em todas as coisas e através delas. Essa vida não é meramente uma vibração ou uma forma de energia, é uma substância viva. E, em absoluto, todas as coisas são feitas a partir dela, que é tudo e está em tudo.

Essa substância pensa e assume a forma daquilo que pensa. O pensamento de uma forma, nessa substância, cria a forma. O pensamento de uma moção institui a moção. O universo visível, com todas as suas formas e movimentos, existe porque está no pensamento da substância original.

O indivíduo é parte dessa substância original e pode ter pensamentos originais, e, dentro de si, eles têm poder de controle ou de formação. O pensamento de uma condição produz essa condição. O pensamento de uma moção institui essa moção. Enquanto o indivíduo pensar nas condições e nos movimentos da doença, esses existirão dentro dele. Se a pessoa pensar apenas em saúde perfeita, o princípio da saúde dentro dela manterá suas condições normais.

Para ficar bem, o indivíduo deve formar uma concepção de saúde perfeita e manter pensamentos harmoniosos com essa concepção a respeito de si mesmo e de todas as coisas. Deve pensar apenas em condições e funcionamento saudáveis, não deve permitir que um pensamento de condições ou funcionamento doentios ou anormais encontre lugar em sua mente em nenhum momento.

Para pensar apenas em condições e funcionamento saudáveis, o indivíduo deve realizar os atos voluntários da vida de uma forma saudável. Ele não pode ter uma saúde perfeita enquanto sabe que está vivendo em uma situação errada, em um caminho insalubre ou mesmo enquanto tiver dúvidas se está ou não vivendo de maneira saudável. O ser não pode ter pensamentos de saúde perfeita enquanto suas funções voluntárias são desempenhadas como quem está doente. As funções voluntárias da vida são comer, beber, respirar e dormir. Quando o indivíduo pensa apenas em condições e funcionamento saudáveis, e realiza essas atividades externas de maneira perfeitamente saudável, terá saúde perfeita.

Ao comer, o ser deve aprender a ser guiado por sua fome. Deve distinguir entre fome e apetite, e entre fome e os desejos do hábito. Ele NUNCA deve comer, a menos que sinta uma FOME ADQUI-RIDA. Deve aprender que a fome genuína nunca está presente após o sono natural, e que a demanda por uma refeição matinal é puramente uma questão de hábito e apetite, e ele não deve começar seu dia comendo, violando assim a lei natural. Ele deve esperar até que tenha uma fome adquirida, o que, na maioria dos casos, fará com que sua primeira refeição aconteça por volta do meio-dia. Não importa qual seja sua condição, vocação ou circunstâncias, ele deve estabelecer como regra não comer até que tenha FOME

A CIÊNCIA DO BEM-ESTAR

ADQUIRIDA, e pode lembrar-se que é muito melhor jejuar por várias horas depois de sentir fome do que comer antes de começar a sentir fome. Não lhe fará mal passar fome por algumas horas, mesmo que esteja trabalhando duro, mas fará mal encher o estômago quando não estiver com fome, esteja ou não trabalhando. Se você nunca come antes de ter uma fome adquirida, pode ter certeza de que, no que diz respeito ao momento de comer, está agindo de maneira saudável. Essa é uma proposição evidente.

Quanto ao que comer, o indivíduo deve ser guiado por aquela inteligência que providenciou para que as pessoas de qualquer porção da superfície da Terra vivam dos produtos básicos da zona que habitam. Tenha fé em Deus e ignore a "ciência alimentar" de qualquer tipo. Não preste a menor atenção às controvérsias quanto aos méritos relativos dos alimentos cozidos e crus, de vegetais e carnes, ou quanto à sua necessidade de carboidratos e proteínas. Coma apenas quando tiver uma fome adquirida; a seguir, alimente-se de massas populares da zona em que vive, e tenha perfeita confiança de que os resultados serão bons. E serão. Não busque luxos ou coisas importadas ou preparadas para tentar o gosto. Prefira os alimentos simples, e quando esses não tiverem um "gosto bom", jejue até que tenham o sabor que você deseja. Não procure alimentos "leves" ou alimentos de fácil digestão ou "saudáveis". Coma o que os fazendeiros e os trabalhadores comem. Então, você funcionará de maneira perfeitamente saudável, no que diz respeito ao que comer. Repito, se você não tem fome ou preferência por alimentos simples, não coma nada, espere até que a fome chegue. Fique sem comer até que a comida mais simples tenha um gosto bom, e então faça sua refeição com o que mais gosta.

Ao decidir como comer, o indivíduo deve ser guiado pela razão. Podemos ver que os estados anormais de pressa e preocupação produzidos por pensamentos errados sobre os diversos afazeres ou coisas semelhantes nos levaram a criar o hábito de comer muito rápido e mastigar bem pouco. A razão nos diz que o alimento deve ser mastigado e que, quanto melhor for a mastigação, melhor preparada estará a comida para a química da digestão. Além disso, podemos ver que o indivíduo que come devagar e mastiga a comida até virar um líquido, mantendo sua mente no processo, e, dando-lhe toda a atenção, desfrutará mais do prazer do paladar do que aquele que engole sua comida pensando em qualquer outra coisa. Para comer de maneira saudável, o indivíduo deve concentrar sua atenção no ato de comer, com alegria e confiança. Deve provar sua comida e reduzir cada garfada a um líquido antes de engoli-la. Seguindo as instruções anteriores, você tornará a função de alimentar-se completamente perfeita. Nada pode ser adicionado sobre o que, quando e como comer.

Na questão do quanto comer, o indivíduo deve ser guiado pela mesma inteligência interior, ou princípio da saúde, que lhe diz quando o alimento é desejado. Ele deve parar de comer no momento em que sentir que a fome está diminuindo e não deve comer além desse ponto. Se ele parar de comer no instante que o corpo indicar que está satisfeito, nunca comerá em excesso, e a função de suprir o corpo com alimentos será desempenhada de maneira perfeitamente saudável.

A questão de alimentar-se de forma natural é muito simples. Não há nada naquilo que precede o comer que não possa ser praticado com facilidade por todos. Colocado em prática, esse método infalível resultará em digestão e assimilação perfeitas, e toda ansiedade, e todo pensamento cauteloso sobre o assunto pode ser abandonado, tirado da mente. Sempre que tiver uma fome adquirida, coma com gratidão o que está diante de você, transformando cada garfada em um líquido e parando quando sentir que sua fome está quase acabando.

A importância da atitude mental é suficiente para justificar mais algumas palavras. Enquanto estiver comendo, como em todas as outras ocasiões, pense apenas em condições saudáveis e de funcionamento normal. Aproveite o que você come. Se você conversa à mesa, fale da qualidade da comida e do prazer que ela está lhe dando. Nunca mencione que você não gosta disso ou daquilo, fale apenas daquilo que você gosta. Nunca discuta a salubridade ou a nocividade dos alimentos. Nunca mencione nem pense em algo prejudicial. Se houver alguma coisa sobre a mesa da qual você não goste, deixe-a de lado ou refira-se a ela com uma palavra de elogio. Nunca critique nem se oponha a nada. Alimente-se com alegria e simplicidade no coração, louvando a Deus e dando graças. Deixe sua palavra de ordem ser perseverança. Sempre que você cair no velho hábito de comer com pressa, ou de pensar e falar de forma errônea, pare e comece de novo.

É da maior importância que você seja uma pessoa autocontrolada e autodirigida. E nunca conseguirá ser assim se nem ao menos conseguir dominar-se em um assunto tão simples e fundamental, como a maneira e o método de se alimentar. Se você não consegue se controlar nisso, não conseguirá nada que valha a pena. Por outro lado, se você seguir as instruções anteriores, pode descansar na certeza de que, no que diz respeito ao pensamento correto e à alimentação correta, você está vivendo de uma maneira assertiva, e pode estar certo de que, se praticar o que é prescrito nos capítulos seguintes, rápido construirá seu corpo em uma condição de saúde perfeita.

Respiração

A função da respiração é vital e diz respeito imediato à continuidade da vida. Podemos viver muitas horas sem dormir e muitos dias sem comer ou sem beber, mas apenas alguns minutos sem respirar. O ato de respirar é involuntário, mas a maneira como o fazemos, e a provisão das condições adequadas para seu desempenho saudável, caem no âmbito da volição. O indivíduo continuará a respirar involuntariamente, mas pode determinar também o que deve respirar, e o quão profundamente e de que maneira respirar. E ele pode, por sua própria vontade, manter o mecanismo físico em condições para o perfeito desempenho da função.

Se você desejar respirar de maneira essencial e saudável, é necessário que o maquinário físico usado no ato seja mantido em boas condições. Você deve manter a coluna reta e os músculos do peito devem estar flexíveis e livres para agir. Você não conseguirá respirar da maneira certa se seus ombros estiverem muito inclinados para a frente e seu peito curvado e rígido. Sentar-se ou ficar em pé no trabalho, em uma posição ligeiramente inclinada, tende a produzir tórax vazio, e o mesmo acontece com o levantamento de pesos, sejam pesados ou leves.

De quase todos os jeitos, a tendência do trabalho é puxar seus ombros para a frente, curvar a coluna e achatar o peito, e se o peito está muito achatado, a respiração plena e profunda torna-se impossível e a saúde perfeita está fora de questão.

Vários exercícios de ginástica foram planejados para neutralizar o efeito de curvar-se durante o trabalho, como pendurar-se pelas mãos em um balanço ou barra de trapézio, ou sentar-se em uma cadeira com os pés sob algum móvel pesado e curvando-se para trás até que a cabeça toque o chão, e assim por diante. Todos esses exercícios são bons do seu jeito, mas poucas pessoas os seguirão com regularidade e por tempo suficiente para realizar algum ganho real no físico. Praticar "exercícios de saúde" de qualquer tipo é penoso e desnecessário. Existe uma maneira natural, mais simples e muito melhor.

A melhor maneira é manter-se ereto e respirar profundamente. Deixe que sua concepção mental seja a de que você é uma pessoa perfeitamente ereta e, sempre que o assunto vier à sua mente, certifique-se de expandir o peito, jogar os ombros para trás e "endireitar-se". Sempre que fizer isso, inspire lentamente até encher os pulmões ao máximo, "junte" todo o ar que puder e enquanto o segurar por um instante nos pulmões, jogue seus ombros ainda mais para trás, esticando seu peito. Ao mesmo tempo, tente puxar a coluna para a frente, entre os ombros. Em seguida, deixe o ar sair com facilidade.

Este é um ótimo exercício para manter o peito cheio, flexível e em boas condições. Aprume-se. Inspire fundo. Encha seus pulmões COMPLETAMENTE, alongue o peito, endireite a coluna e expire devagar. Repita esse exercício com frequência, em todos os momentos e em todos os lugares, até criar o hábito de fazê-lo de maneira regular. E você pode fazer isso com facilidade. Sempre que sair de casa para tomar ar puro e fresco, RESPIRE. Quando estiver no trabalho e pensar em si mesmo, RESPIRE. Quando estiver no trabalho, e se lembrar do assunto, RESPIRE. Quando estiver acordado durante a noite, RESPIRE. Não importa onde você esteja ou o que esteja fazendo, sempre que a ideia vier à sua mente, endireite-se e RESPIRE. Se você vai e volta do trabalho, faça o exercício até o fim, e em breve isso se tornará um deleite. Você vai repeti-lo, não por uma questão de saúde, mas sim por uma questão de prazer.

Não considere isso um "exercício de saúde"; *nunca faça exercícios de saúde ou ginástica para se sentir bem. Fazer isso é reconhecer a doença como um fato presente ou como uma possibilidade, que é exatamente o que você não deve fazer.* As pessoas que sempre fazem exercícios para a saúde estão sempre pensando no risco de ficar doentes. Deve ser uma questão de orgulho para você manter a coluna ereta e forte, tanto quanto manter seu rosto limpo. Mantenha a coluna reta, o peito cheio e flexível pelo mesmo motivo que mantém as mãos limpas e as unhas bem cuidadas, porque não é salubre fazer o contrário. Faça isso sem pensar em doença, presente ou possível. Você pode estar com a postura curvada e ter aparência desagradável, mas deve estar alinhado, e se você estiver dessa maneira, sua respiração responderá por si mesma. Você encontrará a questão do exercício de saúde mencionado aqui novamente em um capítulo futuro.

Entretanto, é essencial que você respire. Parece ser a intenção da natureza que os pulmões recebam ar contendo sua porcentagem regular de oxigênio, e não muito contaminado por outros gases, ou por qualquer tipo de sujeira. Não se permita pensar que é obrigado a viver ou trabalhar onde o ar não é adequado para respirar. Se sua casa não puder ter uma ventilação adequada, mude-se, e se você trabalha onde o ar é ruim, arrume outro emprego. Você pode, e, praticando os métodos dados no volume anterior desta série – *A*

A CIÊNCIA DO BEM-ESTAR

ciência de ficar rico –, você poderá. Se ninguém consentisse em trabalhar com ar ruim, os empregadores providenciariam com rapidez para que todas as salas ocupadas pelos trabalhadores fossem devidamente ventiladas. O pior ar é aquele do qual o oxigênio foi exaurido pela respiração, como o de igrejas e teatros onde multidões se reúnem, e a saída de suprimento de ar é insuficiente. Ao lado dele está o ar contendo outros gases além do oxigênio e do hidrogênio – gás de esgoto e o eflúvio de algo em decomposição. O ar altamente carregado com poeira ou partículas de matéria orgânica pode ser suportado melhor que qualquer um deles. Pequenas partículas de matéria orgânica, exceto comida, em geral são expelidas dos pulmões, mas os gases vão para o sangue.

Falo com cautela quando digo "diferente de comida". O ar é em grande parte um alimento. É a coisa mais viva que levamos para o corpo. Cada respiração carrega milhões de micróbios, muitos dos quais são assimilados. Os odores de terra, grama, árvore, flor, planta e do cozimento dos alimentos são alimentos em si mesmos. São partículas diminutas das substâncias das quais provêm, e com frequência são tão atenuadas que passam diretamente dos pulmões para o sangue e são assimiladas sem digestão. E a atmosfera é permeada pela única substância original, que é a própria vida. Reconheça isso de forma consciente sempre que pensar em sua respiração e pense também que está respirando a vida. Você realmente é, e o reconhecimento consciente ajuda no processo. Cuide para que não respirar o ar que contém gases venenosos, e não respire o ar que foi usado por você ou por outras pessoas.

Isso é tudo que há para respirar da forma correta. Mantenha a coluna ereta, o peito flexível, respire ar puro e reconheça com gratidão o fato de respirar a vida eterna. Além disso, essa prática não é difícil. Dê pouca atenção à sua respiração, exceto para agradecer a Deus por ter aprendido a fazer isso de forma perfeita.

O SONO

A energia vital é renovada durante o sono. Tudo o que tem vida dorme; humanos, animais, répteis, peixes e insetos dormem, e até mesmo as plantas têm períodos regulares de sono. E isso porque no sono entramos em tal contato com o princípio da vida na natureza que nossas próprias vidas podem ser renovadas. É durante o sono que o cérebro do indivíduo é recarregado com energia vital, e o princípio de saúde dentro dele ganha nova força. Então, é de suma importância que durmamos de maneira natural, normal e perfeitamente saudável.

Estudando o sono, notamos que a respiração é muito mais profunda, mais forte e rítmica do que no estado de vigília. Muito mais ar é inspirado quando dormimos do que quando estamos acordados, e isso nos diz que o princípio da saúde requer grandes quantidades de algum elemento da atmosfera para o processo de renovação. Então, se você cercar o sono de condições naturais, o primeiro passo é ver se existe um suprimento ilimitado de ar puro e fresco para respirar. Os médicos descobriram que dormir ao ar livre é muito eficaz no

A CIÊNCIA DO BEM-ESTAR

tratamento de problemas pulmonares, e, visto em conexão com o modo de vida e pensamento prescrito neste livro, você descobrirá que isso é igualmente eficaz na cura de todos os outros tipos de problemas. Você precisa tomar medidas para garantir o ar puro enquanto você dorme. Se seu quarto estiver bem ventilado, será praticamente o mesmo que dormir ao ar livre. Deixe uma porta ou janela aberta. Se possível, tenha uma delas em cada lado do aposento. Se você não puder ter uma boa corrente de ar no seu quarto, posicione a cabeceira da cama perto da janela aberta para que seja possível tomar o ar de fora em seu rosto. Não importa quanto frio ou desagradável esteja o tempo, mantenha uma janela bem aberta, e tente fazer com que o ar puro circule pelo quarto. Se necessário, cubra-se com cobertores para manter-se aquecido, mas tenha um suprimento ilimitado de ar fresco do lado de fora. Esse é o primeiro grande requisito para um sono saudável.

O cérebro e os centros nervosos não podem ser vitalizados por completo se você dormir no ar "morto" ou estagnado. Você deve estar em uma atmosfera viva, e isso é vital de acordo com o princípio de vida da natureza. Repito, não se acomode para resolver essa questão. Ventile totalmente o seu quarto e verifique se há circulação de ar exterior através dele enquanto dorme. Você não está dormindo de uma forma saudável se fechar as portas e janelas do seu quarto, seja no inverno ou no verão. Tome ar fresco. Se você estiver onde não há ar fresco, retire-se. Se o seu quarto não tem ventilação, procure outra casa.

O próximo ponto de importância é a atitude mental com a qual você vai dormir. É bom dormir de maneira inteligente, propisital, sabendo para que você faz isso. Deite-se pensando que o sono é um vitalizador infalível e durma com fé, confiante de que suas forças serão renovadas e você acordará cheio de vitalidade e saúde. Coloque propósito em seu sono, assim como em sua alimentação. Preste

Wallace D. Wattles

atenção ao assunto por alguns minutos, enquanto vai descansar. Não busque sua cama com sentimento de desânimo ou tristeza. Vá para ela com alegria, para ser curado. Ao dormir, não se esqueça do exercício de gratidão. Antes de fechar os olhos, agradeça a Deus por ter lhe mostrado o caminho para uma saúde perfeita e durma com esse pensamento de gratidão em primeiro lugar em sua mente. Uma oração de agradecimento na hora de dormir é uma prática muito boa, coloca o princípio da saúde dentro de você em comunicação com sua fonte, da qual deve receber um novo poder enquanto estiver no silêncio da inconsciência.

Você verá que os requisitos para um sono perfeitamente saudável não são difíceis. Primeiro, enquanto dorme, veja se está respirando ar puro do lado de fora e, em segundo lugar, coloque o seu interior em contato com a substância viva por alguns minutos de meditação agradecida antes de ir para a cama. Observe esses requisitos, vá dormir com a mente grata e confiante, e tudo ficará bem. Se você tem insônia, não se preocupe. Enquanto estiver acordado, forme sua concepção de saúde, medite com gratidão na vida abundante que é sua, respire e sinta-se confiante de que dormirá no devido tempo. E você conseguirá isso. A insônia, como qualquer outra doença, deve ceder antes que o princípio da saúde seja despertado para a plena atividade construtiva pelo curso de pensamento e ação aqui descrito.

O leitor compreenderá agora que não é nada penoso ou desagradável desempenhar as funções voluntárias da vida de maneira perfeitamente saudável. Essa é a mais fácil, simples, natural e agradável. O cultivo da saúde não é uma obra de arte, uma dificuldade ou um trabalho árduo. Você só precisa deixar de lado as observâncias artificiais de todo tipo e comer, beber, respirar e dormir da maneira mais natural e agradável, e se você fizer isso pensando em saúde e só em saúde, com certeza ficará bem.

Instruções complementares

Ao formar uma concepção de saúde, é necessário pensar na maneira como você viveria e trabalharia se estivesse de verdade bem e muito forte. Imagine-se fazendo as coisas do jeito que uma pessoa perfeitamente bem e muito forte faria, até ter uma boa concepção do que você seria se estivesse bem. Então, assuma uma atitude mental e física em harmonia com essa concepção, e não se afaste dela. Você deve unificar-se em pensamento com a coisa que deseja, e qualquer estado ou condição que você unificar a si mesmo em pensamento logo irá tornar-se unificado também no corpo. O caminho certo será cortar relações com aquilo que você não quer, e relacionar-se com tudo o que deseja. Forme uma concepção de saúde perfeita e relacione-se com ela em palavras, atos e atitudes.

Proteja sua fala. Faça com que cada palavra se harmonize com a concepção de saúde perfeita. Nunca reclame ou diga coisas como estas: "Não dormi bem ontem à noite"; "Estou com dores na região lombar"; "Não me sinto nada bem hoje", e assim por diante. Diga "Estou ansioso por uma boa noite de sono esta noite"; "Posso ver que estou progredindo rapidamente" e coisas de significado semelhante. No que diz respeito a tudo o que está relacionado com a doença, o caminho preciso é esquecê-la, e no tocante ao que se relaciona com a saúde, a rota adequada é unificar-se com ela no pensamento e na palavra.

Em poucas palavras: *harmonize-se com sua saúde em pensamento, palavra e ação, e não se conecte com a doença por esses mesmos meios.*

Não leia literatura médica ou literaturas cujas teorias entrem em conflito com as aqui estabelecidas. Fazer isso certamente minará sua fé no modo de vida no qual entrou e fará com que você volte a ter relações mentais com a doença. De fato, este livro oferece tudo o que é necessário. Nada de essencial foi omitido e praticamente todo o supérfluo foi eliminado. A ciência do bem-estar é uma ciência exata, como a aritmética; nada pode ser adicionado aos princípios fundamentais e, se algo for tirado deles, o resultado será um fracasso. Se você seguir estritamente o modo de vida prescrito neste livro, ficará bem, e é certo que você PODE seguir esse caminho, tanto em pensamento como em ação.

Para uma saúde perfeita, relacione-se, em seus pensamentos, não apenas consigo mesmo, mas, tanto quanto possível, com todos os outros. Não simpatize com as pessoas quando elas reclamam, nem se sintonize na mesma energia quando estão doentes e sofrendo. Se você puder, transforme seus pensamentos em um canal construtivo, faça tudo o que puder para o alívio delas, mas faça-o com o pensamento de saúde em sua mente. Não deixe as pessoas contarem suas

A CIÊNCIA DO BEM-ESTAR

angústias e detalhar seus sintomas a você. Mude a conversa para outro assunto ou peça licença e se afaste. É bem melhor ser considerado uma pessoa insensível do que ter o pensamento da doença forçado sobre você. Quando estiver na companhia de pessoas cujo assunto principal for a doença ou temas semelhantes, ignore o que elas dizem e comece a fazer uma prece mental de gratidão por sua saúde perfeita. E, se isso não permitir que você exclua esses pensamentos, se despeça e vá embora. Não importa o que pensem ou digam, a polidez não exige que você se deixe envenenar por pensamentos doentios ou distorcidos. Quando tivermos mais algumas centenas de milhares de pensadores iluminados que não ficarão onde as pessoas reclamam e falam sobre doenças, o mundo avançará rapidamente em direção à saúde. Quando você deixa as pessoas falarem sobre doenças, você as ajuda a aumentá-las e multiplicá-las.

O QUE DEVO FAZER QUANDO ESTOU COM DOR?

Alguém pode estar em sofrimento físico real e ainda manter apenas pensamentos de *saúde*?

Sim. Não resista à dor; reconheça que é uma coisa boa. A dor é causada por um esforço do princípio de saúde para superar alguma condição não natural – isso você deve saber e sentir. Quando tiver algum tipo de dor, pense que um processo de cura está ocorrendo na parte afetada e, mentalmente, ajude e coopere com ele. Coloque-se em plena harmonia mental com o poder que está causando a dor, observe-o e o ajude. Quando necessário, não hesite em usar compressas quentes e meios semelhantes para promover o bom trabalho que está acontecendo. Se a dor for forte, deite-se e dedique sua mente ao trabalho de cooperar de maneira tranquila e com a força que está trabalhando para o seu bem. Essa é a hora de exercer gratidão e fé. Agradeça o poder da saúde que está causando a dor e esteja certo de que ela cessará assim que o bom trabalho for feito. Fixe seus pensamentos, com confiança, no princípio da saúde, que está produzindo tais condições dentro de você, de modo que a dor logo se tornará desnecessária. Você ficará surpreso ao descobrir como é fácil vencer a dor e, depois de ter vivido por um tempo nesse caminho definido, dores e sofrimentos serão coisas desconhecidas para você.

O QUE DEVO FAZER QUANDO ESTOU MUITO FRACO PARA REALIZAR O MEU TRABALHO? DEVO CONTINUAR ALÉM DE MINHAS FORÇAS, CONFIANDO EM DEUS PARA ME APOIAR? COMO O CORREDOR, DEVO CONTINUAR ESPERANDO UM "SEGUNDO FÔLEGO"?

Não! Melhor não. Quando você começar a viver dessa maneira, é provável que não tenha as forças normais e passará gradualmente de uma condição física inferior para uma superior. Caso você se relacione mentalmente com a saúde e a força, e desempenhe as funções voluntárias da vida de uma forma saudável, sua força aumentará dia a dia, mas por algum tempo você pode ter dias em que suas forças sejam insuficientes para o trabalho que você gostaria de realizar. Nessas horas, descanse e demonstre gratidão. Reconheça o fato de que sua força está aumentando rápido e sinta uma profunda gratidão ao Vivente de quem ela vem. Passe uma hora de fraqueza em agradecimento e descanso, com plena fé de que uma grande força está próxima, e, então, levante-se e continue. Enquanto você descansa, não pense em sua fraqueza atual, *pense na força que está chegando.*

Nunca, em momento algum, permita-se pensar que está cedendo à fraqueza. Quando você descansa, como quando você vai dormir,

A CIÊNCIA DO BEM-ESTAR

fixe sua mente no princípio da saúde que está construindo você em plena força.

O QUE DEVO FAZER A RESPEITO DAQUELE GRANDE BICHO-PAPÃO QUE ASSUSTA MILHÕES DE PESSOAS TODOS OS ANOS – A CONSTIPAÇÃO?

Não deve fazer nada. Leia Horace Fletcher em *The A B Z or Our Own Nutrition* e obtenha toda a força de sua explicação do fato de que, quando você vive de acordo com esse plano científico, não precisa, e de fato não pode, evacuar os intestinos todos os dias, e que uma operação de uma vez a cada três dias, até uma vez a cada duas semanas, é suficiente para uma saúde perfeita. Os grandes comedores, que se alimentam de três a dez vezes mais do que podem receber, processar e utilizar seus sistemas internos, têm uma grande quantidade de resíduos para eliminar. Mas, se você viver da maneira que descrevemos, será diferente.

Se você comer apenas quando tiver ADQUIRIDO FOME e mastigar cada garfada transformando o sólido em um líquido, e se você parar de comer no instante em que COMEÇA a ter consciência de uma redução de sua fome, irá preparar sua comida para uma perfeita digestão e assimilação – praticamente tudo será absorvido pelos órgãos feitos para isso, e restará pouco – quase nada – no intestino para ser excretado. Se você é capaz de banir inteiramente de sua memória tudo o que leu em "livros médicos" e anúncios de medicamentos patenteados relativos à constipação, você não precisa pensar mais no assunto. O princípio da saúde cuidará disso.

Ocasionalmente – caso sua mente esteja repleta de pensamentos de medo em relação à constipação – pode ser bom lavar o cólon com água morna. Não há a menor necessidade de fazê-lo, exceto para tornar um pouco mais fácil o processo de sua emancipação mental do medo. Pode valer a pena. E assim que você vir que está fazendo um bom progresso, que reduziu sua quantidade de comida e está realmente comendo de maneira científica, afaste a constipação de sua mente para sempre. Você não tem mais nada a ver com isso. Coloque sua confiança naquele princípio, dentro de você, que tem o poder de lhe dar a saúde perfeita. Relacione isso por sua reverente gratidão ao princípio da vida que é todo poder, e siga seu caminho, regozijando-se.

QUE TAL UM EXERCÍCIO?

Todo mundo fica melhor com um pouco de exercício dos músculos todos os dias, e a melhor maneira de conseguir isso é envolvendo-se em alguma forma de jogo ou diversão. Faça seu exercício de maneira natural, como recreação, não como uma façanha forçada apenas para o bem da saúde. Ande a cavalo ou de bicicleta, jogue tênis, boliche ou lance uma bola. Pratique alguma atividade como jardinagem, na qual você possa passar uma hora todos os dias com prazer e proveito. Existem milhares de maneiras pelas quais você pode fazer exercícios o suficiente para manter seu corpo flexível e sua circulação boa, e ainda assim não cair na rotina de "se exercitar para sua saúde". Exercite-se por diversão ou proveito, faça exercícios porque você é saudável demais para ficar quieto e não porque deseja ficar ou permanecer saudável.

SÃO NECESSÁRIOS JEJUNS LONGOS E CONTÍNUOS?

Raramente, quase nunca. O princípio da saúde não costuma exigir vinte, trinta ou quarenta dias para se preparar para a ação. Em condições normais, a fome chegará em muito menos tempo.

A CIÊNCIA DO BEM-ESTAR

Na maioria dos jejuns longos, a razão pela qual a fome não chega mais cedo é porque foi inibida pelo próprio paciente. Ele começa o jejum com MEDO, ou, se não, com a esperança de que a fome vai demorar muitos dias. A literatura que o paciente leu sobre o assunto preparou-o para esperar um longo jejum, e ele está determinado a chegar ao fim, dure o tempo que durar o procedimento. E a mente subconsciente, sob a influência de sugestões poderosas e positivas, suspende a fome.

Quando, por qualquer motivo, a natureza tirar sua fome, vá com alegria, normalmente, ao trabalho, e não coma até que ela a devolva. Não importa se são dois, três, dez dias ou mais. Você pode estar certo de que, quando chegar a hora de comer, sentirá fome, e se você estiver alegre e confiante, e mantiver sua fé na saúde, não sofrerá de nenhuma fraqueza ou desconforto causado pela abstinência. Quando não está com fome, você se sente mais forte, mais feliz e mais confortável se não comer do que se comer; não importa quanto tempo dure o jejum. E se você viver da maneira correta descrita neste livro, nunca terá que fazer longos jejuns; raramente perderá uma refeição e desfrutará dela mais do que nunca em sua vida. Tenha uma fome adquirida antes de comer, e sempre que tiver uma fome merecida, coma.

Um resumo da ciência do bem-estar

A saúde é dar ao corpo um funcionamento perfeito e natural, uma vida normal. Existe um princípio de vida no universo, que é a substância viva, da qual todas as coisas são feitas. Essa substância viva permeia, fixa e preenche os interespaços do universo. Em seu estado invisível, está em todas as formas e as perpassa; e, no entanto, todas as formas são feitas dela. Para ilustrar: suponha que um vapor aquoso muito fino e altamente difuso permeie e se introduza em um bloco de gelo. O gelo é formado de água viva e é água viva na forma, enquanto o vapor também é água viva, sem forma, permeando uma forma feita a partir de si mesma. Essa ilustração explicará como a substância viva permeia todas as formas feitas a partir Dela; toda a vida vem Dela, que é toda a vida que existe.

Essa substância universal é uma substância pensante e assume a forma de seu pensamento. Sustentado por ela, o pensamento de uma forma cria a forma, e o pensamento de um movimento causa o movimento. Portanto, não pode deixar de pensar e está sempre criando, e deve avançar para uma expressão mais plena e completa de si mesma. Isso significa uma vida mais completa e um funcionamento mais perfeito em direção à saúde perfeita.

O poder da substância viva deve sempre ser exercido para a saúde perfeita. Trata-se de uma força em todas as coisas que contribuem para o funcionamento perfeito de tudo o que existe.

> *Todas as coisas são permeadas por um poder que contribui para a saúde.*
>
> *O indivíduo pode se relacionar com esse poder e aliar-se a ele; também pode se separar disso em seus pensamentos.*
>
> *O indivíduo é uma forma dessa substância viva, e tem dentro de si um princípio de saúde. Esse princípio, quando em plena atividade construtiva, faz com que todas as funções involuntárias do corpo sejam realizadas com perfeição.*
>
> *O indivíduo é uma substância pensante, permeando um corpo visível, e os processos de seu corpo são controlados por seu pensamento.*

Quando o ser pensa apenas em saúde perfeita, os processos internos de seu corpo serão os de saúde perfeita. O primeiro passo do indivíduo em direção à saúde perfeita deve ser formar uma concepção de si mesmo como perfeitamente saudável e realizando todas as coisas da maneira que uma pessoa saudável realiza. Tendo formado essa concepção, deve se relacionar com ela em todos os seus pensamentos, e cortar todas as relações do pensar com doença e fraqueza.

Se ele fizer isso, e pensar em seus pensamentos de saúde com FÉ positiva, o indivíduo fará com que o princípio da saúde dentro dele se torne construtivamente ativo e cure todas as suas doenças. Ele pode receber poder adicional do princípio universal da vida pela fé, e pode adquirir fé olhando para esse princípio da vida com reverente gratidão pela saúde que ele lhe dá. Se o indivíduo mudar a consciência e aceitar a saúde que está continuamente sendo dada a ele pela substância viva, e se for grato por isso, desenvolverá a fé.

O indivíduo não pode ter apenas pensamentos de saúde perfeita se não executar as funções voluntárias da vida de uma maneira saudável. Essas funções são comer, beber, respirar e dormir. Se o ser tiver apenas pensamentos sobre saúde, tiver fé na saúde e comer, beber, respirar e dormir de maneira perfeitamente saudável, deverá ter saúde perfeita.

A saúde é o resultado de pensar e agir de uma determinada maneira, e se um indivíduo doente começar a pensar de acordo com a saúde, esse princípio dentro dele entrará em atividade construtiva e curará todas as suas doenças. Tal princípio da saúde é o mesmo em todas as pessoas, está relacionado ao princípio da vida do universo e é capaz de curar todas as doenças, e entrará em atividade sempre que o indivíduo pensar e agir de acordo com a ciência do bem-estar. Portanto, todo indivíduo pode alcançar a saúde perfeita.